MARIE-CLAUDE NOLIN
438-1559

S'AIMER

OU,
LE DÉFI
DES RELATIONS
HUMAINES

Couverture
- Conception graphique:
  GAÉTAN FORCILLO

Maquette intérieure
- Conception graphique:
  JEAN-GUY FOURNIER

Équipe de révision
   Daniel Ariey-Jouglard, Liane Bergon, Jean Bernier, Monique Herbeuval,
   Hervé Juste, Jean-Pierre Leroux, Odette Lord, Linda Nantel,
   Paule Noyart, Jacques Vaillancourt, Jacqueline Vandycke

DISTRIBUTEURS EXCLUSIFS:

- Pour le Canada:
  AGENCE DE DISTRIBUTION POPULAIRE INC.*
  955, rue Amherst, Montréal H2L 3K4 (tél.: 514-523-1182)
  * Filiale de Sogides Ltée

- Pour la France et l'Afrique:
  INTER FORUM
  13, rue de la Glacière, 75013 Paris (tél.: (1) 43-37-11-80)

- Pour la Belgique, le Portugal et les pays de l'Est:
  S. A. VANDER
  Avenue des Volontaires, 321, 1150 Bruxelles
  (tél.: (32-2) 762.98.04)

- Pour la Suisse:
  TRANSAT S.A.
  Route des Jeunes, 19, C.P. 125, 1211 Genève 26
  (tél.: (22) 42.77.40)

LEO BUSCAGLIA

S'AIMER
OU, LE DÉFI DES RELATIONS HUMAINES

Traduit de l'américain
par
Christine Balta

le jour,
éditeur

(Édition originale: *Loving Each Other*
Holt, Rinehart and Winston, New York
ISBN: 0-943-432-27-8)

© 1984, Leo F. Buscaglia Inc.

© 1985 LE JOUR, ÉDITEUR,
DIVISION DE SOGIDES LTÉE, pour la traduction française

Bibliothèque nationale du Québec
Dépôt légal — 4e trimestre 1985

ISBN 2-89044-351-5

Je dédie ce livre à ma famille: Vincent, Margie, Lee, Annie, Franck et Pete, ainsi qu'à Tulio et Rosa sans qui rien n'aurait pu commencer.

Cet ouvrage est également dédié à ceux qui ont contribué à sa réalisation: Steven, Norma, Gary et Becky, Barbara, Charles et Peter. Je tiens aussi à remercier ici les 600 personnes qui ont pris le temps de répondre au questionnaire long et complexe que je leur avais soumis pour étudier le domaine des relations amoureuses.

Je vous aime.

Leo

Nous sommes tous des anges à une aile. Pour voler, nous devons être deux.

Luciano de Crescenzo

UN AVANT-PROPOS
UN PRÉAMBULE
ET UN MYTHE

AVANT-PROPOS

Pourquoi avons-nous si peur de nous engager dans une relation amoureuse?

Dans cet ouvrage, nous passerons en revue les comportements humains les plus essentiels qui sont: l'amour, la tendresse, la compassion, le partage et le rapport entre les êtres. Sans ces qualités majeures, la vie serait vide car ni la santé, ni le confort, ni la fortune ne peuvent les remplacer. Pourtant, même si nous sommes conscients de ce fait, nous consacrons très peu de temps à développer ces comportements. En fait, nous vivons dans une société qui voit l'amour et l'engagement comme des notions sentimentales stupides et saugrenues. Les sceptiques sont trop contents de tourner en ridicule ceux qui parlent encore de coeurs brisés, de solitude dévastatrice ou du pouvoir mystique de l'amour.

Celui qui aime est naïf. Celui qui est heureux est frivole et simpliste. Celui qui est généreux et altruiste est suspect. Celui qui pardonne est un faible. Celui qui fait confiance est idiot. Et si toutes ces valeurs sont les vôtres, vous êtes forcément hypocrite. De tels jugements sont le fruit d'une société non engagée et trop sophistiquée pour admettre sa confusion et son manque de bonheur, trop centrée sur elle-même pour tenter et risquer le changement. On a ainsi perpétué l'isolement et la dépréciation des valeurs essentielles, en dépit des nombreuses études scientifiques de ces dernières années qui prouvent que les relations humaines sont *très importantes*, que l'intimité est nécessaire à la poursuite d'une vie riche et productive, que des caresses empreintes d'amour ou un rire venant

13

du fond du coeur peuvent guérir, que des relations positives apportent un bien-être tant physique que psychologique et psychique. Des philosophes et des savants contemporains tels que Ashley Montagu, Carl Rogers, A.H. Maslow, Harold Bloomfield, Elizabeth Kübler Ross, Desmond Morris, James Lynch, Theodore Isaac Rubin, Margaret Mead, Norman Cousins, David Viscott, Clark Moustakas, William Menninger, Melanie Klein, C.S. Lewis, Nathaniel Branden et d'autres continuent dans leurs ouvrages et leurs recherches, malgré les critiques, à affirmer qu'une société où n'existent plus ces besoins essentiels est une société condamnée.

Il est vrai que l'incapacité croissante à entrer en relation avec autrui atteint des proportions effrayantes. Bientôt une famille constituée d'un père et d'une mère sera l'exception. Le mariage, les grandes familles et les amitiés durables sont des notions de plus en plus démodées. La promiscuité sexuelle est la norme acceptée, voire conseillée pour résoudre les mariages ratés. La solution pour éviter la douleur consiste à rester émotivement en retrait des autres. La négligence et les sévices envers les enfants et les personnes âgées sont un problème croissant. Les institutions sociales et religieuses qui par le passé servaient de modèle et rassemblaient les gens sont de nos jours fortement dépréciées. Nous plaçons l'individualisme, l'indépendance et la liberté personnelle au-dessus de l'amour, de l'engagement et de la coopération.

Examiner la complexité des relations d'amour, la nature dynamique de deux personnes (ou plus) uniques qui acceptent de se fondre et de s'engager l'une envers l'autre dans une relation à long terme n'est certes pas une tâche facile. C'est pourtant celle que je me suis fixée en écrivant ce livre. Il m'a paru d'autant plus vital de le faire que la documentation concernant la dynamique du couple est rare. Ignorer le phénomène ne peut qu'aboutir à des relations de haine, de peur, à la solitude et à des blessures infligées par ignorance. Fort heureusement, nous restons maîtres de nos choix.

Ma vie, comme celle des gens que je connais, a été un enchevêtrement de relations bonnes et mauvaises. Toutes ont de la valeur à mes yeux. C'est en effet grâce à ces relations que j'ai traversé

14

petite enfance, enfance, adolescence, et que j'ai abordé l'âge adulte et la maturité. Ces relations ont été des leçons vivantes qui m'ont permis de faire face à l'échec, de vaincre la peur. Elles m'ont aidé à libérer mon esprit et à en arracher la crainte d'aimer. Mes relations sont encore ma principale source de stimulation. Elles me forcent à rester ouvert, curieux, avide de savoir, et m'aident à relever des défis. Je comprends mieux que jamais la phrase de W. H. Auden: "L'amour ou la mort!"

N'est-il pas temps d'oublier notre ego mesquin, de cesser d'avoir peur de paraître naïf ou sentimental, et de nous rejoindre enfin les uns les autres dans ce besoin universel qu'est l'amour? Pourquoi est-il si difficile de nous unir avec passion et de faire confiance à l'amour?

Une fable raconte l'histoire d'une jeune fille qui, se promenant dans les champs, voit un papillon accroché à une épine. Elle le libère et le papillon s'envole pour revenir sous les traits d'une bonne fée. Cette dernière lui demande de faire un voeu pour la remercier de lui avoir sauvé la vie. La jeune fille dit qu'elle désire connaître le bonheur. La fée lui murmure quelques mots à l'oreille et disparaît. Les années passent et personne dans le pays n'est plus heureux que la jeune fille. Chaque fois qu'on lui demande le secret de son bonheur, elle répond en souriant qu'elle a écouté une bonne fée.

Arrivée à la fin de sa vie, cédant aux questions de ses voisins qui craignaient qu'elle ne meure avec son secret, elle déclara: "La fée m'a dit que tous, faibles ou forts, avaient besoin de moi."

Nous avons tous besoin les uns des autres.

PRÉAMBULE

Dans certaines relations, il arrive que les efforts sincères de réconciliation, les concessions, et le désir de retrouver le bonheur des premiers jours s'avèrent inutiles. La lutte devient si pénible qu'elle mobilise toutes nos forces, et la beauté du monde qui nous entoure ne fait qu'accentuer notre profond malaise.

David Viscott

Ce n'est pas parce qu'une relation échoue que nous sommes mauvais, inefficaces ou incompétents. Ce qui arrive souvent, c'est que l'on fait une mauvaise évaluation de la situation, et qu'on manque de préparation et de réalisme. Toutes les relations ne sont pas adéquates. Les valeurs changent, nos "façades" demeurent impénétrables, nos comportements imprévisibles, et nous commettons des erreurs.

Une bonne façon de tester une relation est de voir si elle encourage l'épanouissement intellectuel, émotif et spirituel. Si une relation devient destructrice, si elle met en danger notre dignité, nous empêche de grandir, nous déprime et nous démoralise, alors que nous faisons tout pour éviter l'échec, alors, à moins d'être masochiste, et de se complaire dans le malheur, il faut y mettre fin. Nous ne sommes pas faits pour tout le monde, et tout le monde ne nous convient pas. La question est: "Y a-t-il moyen de limiter les dégâts?"

17

LE MYTHE

Nous avons été empoisonnés par les contes de fées.

Anaïs Nin

Les mythes déchus peuvent distiller du venin.

Denis de Rougemont

"Et ils vécurent heureux pour toujours."

Ainsi va le mythe de l'éternel amour. On croit qu'aimer quelqu'un résoudra tous les problèmes de l'existence et offrira un bonheur instantané et éternel. Le mythe est enchanteur. La réalité, elle, est souvent très dure. Nous aimons pourtant les contes de fées. "Et ils vécurent heureux pour toujours" est, selon Joshua Liebman, "une des phrases les plus tragiques de la littérature." Tragique, parce qu'elle ment sur la vie et qu'elle a conduit des générations entières à attendre l'impossible de cette vie fragile, faillible et imparfaite.

Je me souviens d'une émission de télévision où l'actrice Helen Hayes était interviewée par John Callaway. Âgée de 82 ans, Mme Hayes semblait radieuse dans le jardin de sa maison new-yorkaise. Elle avait l'air fier et fort d'une personne qui a vécu pleinement et dignement sa vie. Elle ne se départit jamais de son calme même lorsqu'on lui posa des questions très intimes. Lorsqu'il fut question de son mariage orageux avec l'écrivain Charles MacArthur, John Callaway dit qu'elle n'avait jamais connu de jour vraiment heureux. Elle regarda l'animateur droit dans les yeux et répliqua

19

avec dignité que c'était sans doute vrai... mais qu'elle avait connu des moments d'extase.

À l'instar de cette dame, beaucoup connaissent des moments heureux, voire extatiques. Mais il faut bien reconnaître que ces instants sont trop souvent ponctués de solitude, de confusion, de déceptions, parfois même de désespoir. Ceux qui semblent avoir réussi leur vie attendent un peu plus de l'amour. Pour citer Anne Morrow Lindbergh:

> Lorsqu'on aime quelqu'un, ce n'est pas tout le temps ni exactement de la même façon. Prétendre le contraire est un mensonge. C'est pourtant ce que la plupart des gens exigent. Nous avons si peu confiance dans le flux et le reflux de la vie, de l'amour, des relations. Nous redoutons la marée basse. Nous avons peur que la mer ne revienne plus. Nous voulons la permanence, la durée, la continuité, alors que la seule continuité possible, dans la vie comme en amour, réside dans la croissance, la fluidité, la liberté.

Ce n'est pas une tâche facile. Apprendre à vivre avec quelqu'un, apprendre à l'aimer, nécessite des talents comparables à ceux d'un chirurgien, d'un architecte ou d'un chef cuisinier. Il ne viendrait pas à l'idée de pratiquer une de ces professions sans avoir de solides connaissances de base. Pourtant, nous nous engageons avec notre fragilité et notre manque de formation dans des amitiés, dans le mariage ou la vie familiale, avec très peu de ressources — parfois aucune. Il n'est donc pas surprenant que des relations qui débutent dans la naïveté et la joie se terminent par de l'amertume, des désillusions et du désespoir. L'aura magique des premiers jours semble se dissoudre dans le quotidien. Nous avons tous connu des coups de foudre qui n'ont pas résisté à quelques semaines de relations suivies. Cette idée semble renforcée par le taux affolant des divorces. En janvier 1983, un mariage sur deux se soldait par un divorce aux États-unis. D'après le Bureau de Recensement américain, un tiers des enfants du pays vivent actuellement dans des foyers dont un des parents biologiques est absent. Même lorsqu'on est entouré de monde, le sentiment de solitude et d'isolement est celui qui prime dans la dépression, qui constitue la maladie nationale numéro un. Les taux de suicide augmentent chez les jeunes comme chez les personnes âgées. Malgré cela, nous ne nous demandons jamais pourquoi, nous ne cherchons pas à analyser cette situation menaçante ni à trouver des solutions viables.

Une femme du Vermont m'écrivait qu'après dix-huit années son mariage était devenu une farce vide qui ne valait pas la peine d'être poursuivie. "Je n'ai plus rien à donner"... "Je suis vidée, je me sens usée. Je déteste ces dix-huit années. Elles me semblent tellement dénuées de sens à présent. Je méprise ce que nous possédions. Toutes ces années passées ensemble ne nous ont conduits nulle part. Elles nous ont tout pris, et m'ont laissée sans rien. Quel gâchis." Un homme originaire du Texas commençait ainsi sa lettre: "Je ne sais pas ce qui est arrivé. J'aimais assez ma femme au début de notre mariage. Je pensais à elle toute la journée. Avec les années, j'ai commencé à m'ennuyer. Il n'y avait plus de surprises. Nous n'avions pas beaucoup de plaisir ensemble. Et chaque année, c'est de pire en pire. Je n'aime pas sa compagnie. Je n'ai pas hâte de rentrer chez moi. Il y a de longues périodes dans la journée où je l'oublie complètement. Cela ne fait qu'empirer avec le temps. Ce n'est que lorsque l'heure du retour au foyer arrive que je pense à ma femme."

Une dame âgée qui assistait à une de mes conférences me confia: "Je n'ai plus d'amis. Je ne sais pas où ils sont partis. Je ne sais pas quoi faire. Tout ce que je sais, c'est que je n'ai personne à qui parler. Personne ne m'invite, je ne reçois pas de lettres. Personne ne semble désirer ou nécessiter ma compagnie. Tous mes amis sont morts. Quant aux membres de ma famille qui sont encore vivants, ils sont dispersés aux quatre coins du pays. J'ai peur de la solitude."

Je lisais récemment dans les journaux de Los Angeles un message publicitaire pour une agence qui promettait d'envoyer un "ami" sur-le-champ à qui le demandait. Cet "ami" était prêt à s'asseoir à vos côtés, à vous parler et à vous tenir la main si vous étiez ou malade ou mourant. Cet ami était à vous à condition de payer.

J'ai connu une femme invalide qui, pour tromper sa solitude, composait le numéro des renseignements ou de l'horloge parlante. "Il y a au moins une voix humaine qui me parle." De nos jours, plusieurs services utilisent des voix électroniques, et les téléphonistes des renseignements vous demandent de ne pas les déranger pour rien.

Les "habitués" des émissions populaires peuvent attendre des heures pour échanger deux mots avec l'animateur vedette. Dans certaines maisons, la télévision fonctionne jour et nuit: cela fait de la "compagnie".

C'est de la souffrance, de l'isolement, de la tristesse et du non-sens d'une vie d'où les autres sont absents que parlent de très nombreuses lettres que je reçois.

La question que l'on retrouve chaque fois, c'est: "Comment créer des relations où l'épanouissement et l'amour seraient toujours présents?"

L'histoire vraie d'un amour

Mon père est né en 1888 dans un petit village des Alpes de la Suisse italienne qui ne figure même pas sur la carte de l'Association Automobile italienne.

Ma mère est née dans un village plus grand, à quelques kilomètres de là, un mois plus tôt que mon père. À cette époque, le Piémont était principalement une région de vignobles, de collines, de fermes en briques rouges et de petits villages éparpillés comptant chacun quelques centaines d'habitants. Le village de ma mère était très fier de ce que l'on appelait le "château", qui était en fait une grande villa où vivait le *Padrone*, propriétaire de la seule usine de la région. Même si depuis Olivetti et Fiat ont implanté leurs usines dans cette région, transformant l'environnement et l'économie, les villages sont demeurés relativement inchangés. Les parents qui me restent occupent encore les maisons où sont nés mon père et ma

22

mère. Ils ont aujourd'hui l'électricité, l'eau courante et des moustiquaires aux fenêtres.

Ni mon père ni ma mère n'ont été plus loin que l'école primaire. C'étaient cependant d'avides lecteurs qui possédaient un profond respect pour le savoir et l'éducation. Ma mère citait Dante et D'Annunzio. Sa nouvelle favorite était le classique de Manzoni *I promessi Sposi* (*Les Fiancés*) dont elle citait souvent des passages. Elle adorait l'opéra, Puccini surtout. Mimi était son rôle préféré, elle en fredonnait sans cesse les mélodies voluptueuses, qui furent en fait mes berceuses. Ma mère avait de longs cheveux épais, couleur noisette, qui lui allaient dans le dos. Elle les portait en chignon que retenaient des peignes de nacre. Elle était très petite, avait de grands yeux légèrement enfoncés, et je me souviens qu'ils étaient toujours emplis de larmes de joie ou de tristesse. Ma mère était terriblement jolie. Elle riait souvent et adorait manger. Ses passions étaient Tulio (son mari), la nourriture, les bonbons et les enfants, dans l'ordre et le désordre.

Papa était grand. C'était un bel homme, aux cheveux noirs, aux yeux bruns et à la peau claire. Il portait la moustache la plus "recourbée" de la région. Il travailla dur toute sa vie et nous communiqua beaucoup de chaleur et d'amour. Malgré son labeur, il parvenait tout juste à nous maintenir au-dessus du seuil de pauvreté. Il n'avait aucune aptitude pour les affaires et fut victime d'amis égoïstes et d'investissemnts malchanceux.

Dans la ville de ma mère, il y avait un moulin qui employait la majorité des habitants. Ma mère n'échappait pas à la règle. Elle était fileuse. Mon père était son contremaître. Leur mariage fut arrangé. Même s'ils étaient ensemble au travail six jours sur sept, ma mère, très timide, n'osa jamais lever les yeux sur lui. Comme c'était un monde où les hommes faisaient la loi, mon père la regardait à loisir. C'est lui qui se chargea d'arranger le mariage. Selon la coutume, il approcha les aïeuls des deux familles. Une fois les familles d'accord, papa fut invité et commença sa cour. Il était invité à manger et à faire des sorties. Ma mère était présente, mais toujours accompagnée de son chaperon. Elle faisait la cuisine, servait à table et faisait le ménage. C'est à cela que se limitaient les contacts. Même pendant ces courtes visites, elle n'osa jamais lever les yeux sur l'homme qui avait choisi d'être son époux. Ses compagnes de travail lui assuraient qu'il était bel homme, mais elle ne le regarda vraiment que le jour de son mariage. Et elle s'en trouva bien.

Mon père n'avait rien d'un aventurier, mais il attendait de la vie plus que le travail à l'usine, la pauvreté et la faim. La réputation de l'Amérique, "Terre promise", était arrivée dans le Piémont, et à l'instar de tant d'autres Italiens, mon père décida d'émigrer. Cette décision m'a toujours fasciné, car sans elle, je travaillerais peut-être dans une usine, ou dans les vignobles de Pasito.

Leur premier enfant, Vincenzio, naquit en Italie. C'est après cela que mon père eut l'occasion de réaliser son rêve et d'émigrer en Amérique. C'était en 1908. Ils eurent Margarita, Carolina et Felice aux États-Unis. En tout, mes parents élevèrent huit enfants (maman recueillant les enfants comme papa les chats et les chiens errants).

Ils restèrent mariés pendant 63 ans. Ma mère mourut la première en 1970 et mon père en 73, à l'âge de 82 ans. Leur union fut-elle romantique? Leur bonheur fut-il sans nuages? Sans doute pas complètement — mais suffisamment. Ce ne sont pas les statistiques qui comptent. Mes parents riaient beaucoup, et pleuraient de même. Ils s'amusaient beaucoup ensemble. Ils ont surmonté des périodes de pauvreté et de dépression, et ont triomphé. Je les ai entendus se disputer; en fait, ils criaient souvent. Mais ils s'aimaient tendrement et avaient un grand souci l'un de l'autre. Mes parents étaient amoureux et attentionnés. Pas une seule fois je ne les entendus remettre en question leur union. "Divorcer?" disait ma mère, "Jamais. L'assassinat, souvent! mais le divorce, jamais!" Bien que je n'en aie pas eu conscience à l'époque, je voyais grâce à mes parents les mécanismes réels d'une relation amoureuse. Ils mettaient en valeur l'union au sein de laquelle j'étais le bienvenu, et dont j'allais tirer ma force: une union à laquelle moi-même, mes frères et soeurs, leurs familles et amis, appartenions tous. Ils me donnaient ainsi le modèle de ma première relation amoureuse.

Mythe et Réalité

Sans relation, il n'y a ni être ni devenir. Dès le début de notre existence, nous sentons le besoin et l'importance de la relation à l'autre. De tous les êtres vivants, c'est l'homme qui connaît la période de dépendance la plus longue. Totalement démuni, le nouveau-né s'engage dans sa relation première, avec sa mère, et à partir de ce moment, plus nous évoluons, plus nos relations se multiplient. On peut dire que nous passons notre vie à tisser une relation après l'autre, jusqu'à former un réseau complet.

Notre survie même dépend de ces relations. Si l'on refuse à l'enfant des rapports d'amour avec les êtres, il dépérit, sombre dans la psychose, la débilité, et meurt. L'adulte est tout aussi dépendant de multiples interactions qui se font pour notre plus grand plaisir et qui nous permettent de nous épanouir. Nous prenons ce processus pour acquis. On dirait que c'est seulement dans les moments de séparation — décès, divorce ou toute autre séparation physique qui déchire notre intimité et nous laisse dans la solitude — que nous prenons vraiment conscience du processus. Il est étonnant que l'on continue à adopter des comportements insensés qui aboutissent à des échecs, alors que nous connaissons notre besoin désespéré d'être en relation avec autrui.

Comme la plupart des gens, j'ai passé ma vie à essayer de comprendre et à créer des relations, j'ai regardé ceux que j'aime tenter la même expérience. Je compte quelques succès. Les personnes qui me sont chères, que ce soit des membres de ma famille ou des amis, sont encore une partie vitale de mon existence. Mais je compte aussi des échecs. Je pense avec regret à tous ceux avec qui j'ai passé des mois, voire des années de grande joie, et que je n'ai plus revus. Où sont-ils? Que font-ils? Quelles sont leurs préoccupations? Pourquoi ont-ils disparu de ma vie? Heureusement, ce sont là des exceptions. Je me demande si c'était plus facile autrefois, ou plus difficile. Je me souviens de East Los Angeles, le quartier où j'ai vécu jusqu'à l'âge adulte. Je me rappelle la famille d'en face qui m'a donné tant d'amis. Je me souviens de mon voisin, le fils du rabbin, avec lequel j'étais très ami. Peut-être est-ce le fruit de mon imagination, mais j'ai l'impression qu'il y avait plus de stabilité, beaucoup moins d'allées et venues autrefois. Nous nous faisions des amis partout, à l'église, à l'école, dans la cour de récréation, et nous les gardions avec les années. Ils formaient un réseau permanent de contacts qui nous prodiguaient un sentiment de force et de sécurité essentiel. Ils faisaient partie de notre famille étendue, et c'est de ce milieu que nous prenions notre identité.

Dans son ouvrage intitulé *The ability to love*, Allan Fromme décrit cette époque douce et éphémère en ces termes:

> Nos villes surpeuplées et leurs gratte-ciel vertigineux engendrent des lieux de solitude. Les maisons du voisinage croulent sous les bulldozers des promoteurs immobiliers et les familles s'éparpillent à la recherche de travail. Dans un monde motorisé, les vieux regroupements sympathiques ont disparu.

Faire les courses chaque jour nous faisait aussi rencontrer du monde. Les supermarchés superefficaces et aseptisés n'existaient pas encore. Le boucher, en bas de la rue, chez qui ma mère commandait le veau dont elle nous régalait, connaissait chacun de nous. Le marchand de légumes nous donnait ses invendus pour nos lapins. Le charcutier qui coupait le prosciutto, la mortadelle et le fromage était un ami de la famille. De nos jours, quarante millions d'habitants déménagent chaque année aux États-Unis. Ils déménagent dans des villes impersonnelles où l'on se vante de préserver sa vie privée en ne connaissant même pas ses voisins. Chacun redoute de se faire envahir tout en espérant quand même la communication.

Je lisais récemment qu'un jeune homme d'une vingtaine d'années avait été trouvé mort dans son appartement près du campus de l'Université de Miami où il était étudiant. Quand on découvrit son corps, en janvier, il était mort depuis au moins deux mois. Personne ne l'avait réclamé pour Noël. Sur la porte de son appartement il y avait deux avis d'expulsion, et la télévision marchait encore.

Nous n'osons pas nous promener sur les trottoirs interdits. De nos jours, la sécurité signifie tout un arsenal de systèmes d'alarme de plus en plus perfectionnés. Dans les immeubles luxueux, on

26

accède à son appartement par un ascenseur privé qui nous préserve de toute rencontre, bonne ou mauvaise. Les contacts personnels se trouvent de plus en plus réduits et il devient difficile de former des relations durables. On peut avoir des amis que l'on côtoie chaque jour au travail. Mais dans une ville comme Los Angeles, par exemple, il faut souvent faire trente à cinquante kilomètres pour se rendre visite. Comment alors construire des relations solides quand les chances de fréquentation sont si minces et si difficiles? On parle bien sûr de l'horreur de cette "apathie communautaire", mais on ne fait pas grand chose pour y remédier. On passe plus souvent son temps à spéculer sur le néant, l'aliénation, l'isolement, la privation, et à condamner le manque d'amitié et l'indifférence de ceux qui nous entourent et de la société qui perpétue cet état de choses.

Les relations amoureuses qui sont indispensables à la vie, à la santé et à l'épanouissement personnel requièrent de grands talents. Avant de maîtriser l'art de vivre une relation, il faut avoir une compréhension claire des mécanismes qui la sous-tendent. Il faut également comprendre le rôle que joue notre façon d'agir et de penser dans son aboutissement heureux ou malheureux. Ceci n'est réalisable qu'à la condition d'y mettre le temps et l'énergie nécessaires, et d'examiner nos échecs et nos succès. On ne peut pas prendre les relations amoureuses à la légère. L'amateurisme dans ce domaine ne mène qu'à la souffrance. Combien d'entre nous ont payé ce genre d'approche inconsidérée par des larmes, de la confusion et un sentiment de culpabilité. Carl Rogers écrivait au sujet du mariage:

> ...bien que le mariage actuel soit un laboratoire extraordinaire, les conjoints sont souvent totalement ignorants du rôle de leur partenaire. Que de tristesse, de remords et d'échecs auraient pu être évités s'il y avait eu un apprentissage même rudimentaire avant le mariage.

Cette déclaration vaut pour tous les types de relations.

L'ÉTUDE

L'homme n'est autre qu'un tissu de relations et seules celles-ci comptent à ses yeux.

Saint Exupéry

"Aimez-vous les uns les autres."

Jean 15,17

Les études, officielles ou autres, effectuées ces dernières années dans le domaine des relations humaines sont venues confirmer la perception que j'en avais: nous sommes complexes, mystérieux et souvent comédiens. Nous sommes vraiment curieux: vulnérables, imprévisibles, uniques et merveilleux. Si l'on regarde les études mentionnées plus haut, on s'aperçoit que,pour beaucoup de gens, la notion de sécurité, de bonheur et de succès est directement reliée à la faculté de bâtir des relations amoureuses valables. L'expérience nous a appris que c'est notre incapacité à vivre en harmonie avec autrui qui provoque nos peurs, nos angoisses et ce sentiment d'isolement qui conduisent parfois à de graves troubles psychiques. Malgré des échecs souvent très douloureux, très peu de gens décident de prendre les moyens nécessaires pour résoudre leurs problèmes. D'autre part, ceux qui recherchent désespérément l'intimité et la compréhension s'aperçoivent qu'il existe très peu d'endroits où aller pour se faire aider.

Incapables de trouver de l'aide, nous continuons à nous lancer sans réfléchir dans des relations destructrices, qui sapent nos énergies et nous empêchent de nous épanouir comme nous le devrions. Nous réalisons que nous manquons de la force, de la connaissance et de la créativité voulues pour faire face aux exigences multiples d'une relation. Même après des siècles d'interactions entre les hommes, la situation semble toujours aussi précaire: les enfants se rebellent contre leurs parents et leurs frères et soeurs. Les jeunes mariés voient leurs familles comme un obstacle à leur indépendance et à leur épanouissement. Les parents trouvent que leurs enfants sont des ingrats. Les maris fuient leurs femmes. Les épouses vivent des aventures par procuration avec des héros de feuilletons télévisés qui apportent rêve et romantisme dans leur existence vide. Les ouvriers haïssent souvent leurs patrons et passent des heures pénibles auprès d'eux. Sur une plus grande échelle, le patronat n'arrive pas à s'entendre avec les travailleurs. Chacun accuse l'autre de ne penser qu'à ses intérêts et de manquer d'ouverture d'esprit. Les communautés religieuses s'enferment dans leurs chapelles et peuvent être fanatiques tout en se prévalant de Dieu. Les nations mènent des guerres aveugles qui menacent d'anéantir la planète dans le seul but d'atteindre leurs objectifs. Chaque groupe blâme le groupe rival de son impotence, de ses frustrations, de son refus de progresser et de communiquer.

Nous n'avons visiblement pas appris grand chose au cours des siècles. Il faut croire que nous n'avons pas consacré grand temps à la question, sinon nous aurions vu que les hommes ne naissent pas avec des préjugés, mais qu'ils sont conditionnés à en avoir. Nous sommes les enseignants de la génération montante. Nous sommes donc ceux qui perpétuons la confusion et l'aliénation que nous détestons et qui nous empêchent de trouver des solutions. C'est à nous qu'il incombe de découvrir de nouvelles solutions et de créer d'autres modèles de relations où se côtoieront la paix, l'espoir, l'épanouissement et l'amour. Tout ce qui a été appris peut être désappris, et réappris. Notre véritable espoir réside donc dans le processus du *changement*.

Pendant des années, j'ai été frustré par le manque d'intérêt que suscitait ce domaine, jusqu'au jour où je décidai de réagir. J'entrepris une étude en me basant sur des personnes engagées dans des

30

relations. En effet, quelle meilleure façon pouvait-il y avoir que de consulter ceux-là même qui partagent leur quotidien en essayant de maintenir l'entente et l'amour dans leur couple. J'espérais ainsi apporter quelque lumière à ce problème.

J'envoyai donc un questionnaire assez complet. Il comprenait des questions dites "ouvertes" et "fermées" permettant de donner des réponses à la fois spécifiques et élaborées. On se basait, pour les besoins de l'étude, sur la définition suivante:

> Une relation est un lien, ou une union permanente, sanctionnée socialement et mutuellement acceptée, et qui comble certains besoins des individus impliqués et de la société dans laquelle ils évoluent.

Outre les questions démographiques usuelles, deux domaines étaient abordés:

1. Celui d'une relation première, définie comme la personne la plus proche avec laquelle vous vivez, de gré ou de force, sur une base quotidienne;
2. Celui d'une relation secondaire définie comme la personne avec laquelle vous choisissez d'être en rapport, ou que vous êtes forcé de côtoyer régulièrement, mais à un degré d'intensité et de régularité moindre que la relation précédente.

Les participants devaient ensuite citer les qualités qui leur semblaient être les plus propices au maintien d'une relation amoureuse épanouissante. En outre, on leur demandait de donner leur propre définition d'une relation, et les conseils qu'ils jugeaient pertinents.

On envoya mille questionnaires au hasard à ceux et celles qui m'avaient écrit un jour et qui se disaient intéressés à la dynamique relationnelle. Plus de 60 pour 100 des personnes sollicitées répondirent, ce qui indique l'intérêt que suscite le sujet.

Avant de passer à l'analyse des réponses, il serait intéressant que le lecteur fasse sa propre étude. On peut apprendre beaucoup sur soi, sur ses besoins et ses attentes en répondant aux questions qui furent envoyées. Lisez-les et répondez-y avant de poursuivre.

1. Quelle est votre relation amoureuse première?

* * *

2. Quelles sont pour vous les trois qualités qui contribuent le plus au développement et à la croissance de l'amour au sein de cette relation?

* * *

3. Quelles sont les trois attitudes que vous jugez les plus destructrices dans une relation amoureuse?

* * *

4. Quelle est votre relation secondaire la plus importante? (Parent, conjoint(e), enfant, etc.)

* * *

5. Quelles sont selon vous les trois qualités qui contribuent le plus au maintien et à l'épanouissement de ces relations?

* * *

6. Quelle serait selon vous la relation amoureuse idéale?

* * *

7. En puisant dans votre expérience, quel conseil donneriez-vous à quelqu'un qui s'engage dans sa première relation amoureuse?

* * *

Plus de 600 questionnaires furent retournés complétés, offrant une grande variété de réponses. Les deux tiers des participants étaient des femmes ayant en majorité entre trente et soixante ans; 108 avaient moins de trente ans; 66 avaient plus de soixante et un ans.

Le niveau de scolarité était incroyablement élevé, sans doute parce que le questionnaire fut envoyé à un échantillon déjà sélectionné; comme nous l'avons expliqué plus haut, ces personnes étaient déjà orientées vers la croissance et la compréhension individuelles. Toutes les personnes de l'étude avaient au moins un niveau de scolarité collégiale: 113 possédaient une maîtrise et 96 avaient poursuivi des études plus avancées.

Il est évident qu'il s'agit donc d'un échantillonnage unique. Je suis convaincu que si un groupe moins scolarisé et moins à l'aise financièrement avait été approché, les réponses auraient été très différentes. Par exemple, des facteurs tels que la sécurité financière, la sexualité et la lutte quotidienne pour la survie auraient été cités en tête de liste. Il serait très utile de procéder à une autre étude touchant diverses couches de la population.

Plus des deux tiers des gens ayant répondu déclarent que leur relation première est leur femme ou leur mari. Les autres citent des membres de leur famille: père, mère, frère, soeur, enfants.

Viennent ensuite les célibataires ayant une relation première avec une personne de l'autre sexe. Quelques-uns déclarent vivre une relation homosexuelle significative. Un groupe très restreint mentionne qu'ils sont leur propre relation première, d'autres citent des animaux: chiens, chats, oiseaux. Neuf personnes en tout disent n'avoir aucune relation première avec qui que ce soit au moment de l'enquête.

La grande majorité dit avoir vécu une relation première spécifique pendant une période allant de onze à vingt-cinq ans, 90 personnes ayant vécu en couple pendant plus de vingt-cinq ans. Moins d'un tiers de la totalité a divorcé, et la plupart de ces personnes recherchent une relation durable, ou attendent ce qu'ils appellent "une période de récupération".

Voici dans l'ordre les réponses à la question n° 2:

33

La communication
L'affection
La compassion/le pardon
L'honnêteté
L'acceptation
La confiance
Le sens de l'humour
Le romantisme (sexualité comprise)
La patience
La liberté

Il est intéressant de noter que la communication, l'affection, le pardon et l'honnêteté figurent en tête de liste dans plus de 85 pour 100 des réponses! Les gens définissent la communication comme un désir d'ouverture et de partage, de relation, d'échange de paroles et d'écoute entre les partenaires.

L'affection est vue comme compréhension, respect, intimité à la fois physique et psychologique, et gentillesse. La plupart des personnes distinguent clairement affection, sexualité et romantisme, trois facteurs qui figurent tout en bas de liste.

La compassion est définie comme la capacité de pardonner, d'aider et d'oublier son ego.

L'honnêteté est la qualité qui permet de révéler des sentiments vrais. Elle permet de verbaliser les craintes, les regrets, les attentes.

Le même groupe devait aussi identifier les caractéristiques les plus destructrices pour une relation amoureuse. Les résultats sont très significatifs. Ce sont, dans l'ordre:

Le *manque* de communication
L'égoïsme/le fait de ne pas pardonner
La malhonnêteté
La jalousie
Le manque de confiance
Le perfectionnisme
Le manque de souplesse (manque d'ouverture au changement)
Le manque de compréhension
Le manque de respect
L'apathie

Il est intéressant de noter que la notion de communication se retrouve en tête dans les deux cas. C'est encore elle qui vient en premier pour 85 pour 100 des réponses à la question n°3.

Il y a également recoupement entre les deux listes: on retrouve citées l'honnêteté, l'affection, la compassion, l'acceptation et la confiance.

Le soin apporté aux réponses prouve le grand intérêt suscité par le sujet des relations humaines.

Lorsqu'on parle de relations, on pense généralement au couple, marié ou non. Il ne faut pas oublier la multitude de relations qui jalonnent l'existence, comme celles qui nous lient aux parents, aux enfants, à tous les membres de nos famille et belle famille, aux collègues de travail, etc. Ces relations sont également essentielles, mais on les perçoit comme "différentes", et on pense qu'elles nécessitent par conséquent des aptitudes autres pour atteindre le succès. Pour vérifier ce point, on a aussi demandé aux gens de faire le même type de classement pour les relations premières et secondaires. Résultat: les gens ont cité les *mêmes* qualités pour réussir les deux types de relations, mais à des *degrés* différents.

La communication est encore en tête. Viennent ensuite l'honnêteté, l'acceptation, le pardon, l'attention/considération, la compréhension, l'affection, le respect, le partage et le sens de l'humour.

Les attitudes jugées destructrices étaient: le manque de communication, le manque d'honnêteté, les comportements égocentriques/la rigidité, le manque de temps, le manque de confiance, la jalousie, l'apathie, le manque d'affection, le manque de compréhension et le jugement.

Il ressort donc que les attitudes jugées nécessaires aux relations sont les mêmes, qu'il s'agisse de relations premières ou secondaires. Si l'on désire se rapprocher de son conjoint, de son amant, de ses enfants, de ses collègues, de ses voisins, il faut faire preuve des mêmes qualités au départ. Il est donc judicieux d'examiner ces qualités en profondeur, et d'en comprendre la dynamique si nous voulons vraiment vaincre la solitude et vivre un amour partagé. Ce sont de ces questions que j'ai voulu traiter dans cet ouvrage.

Chapitre Premier

Les relations amoureuses

La tendresse survient lorsque deux personnes aspirant, comme il est normal, à surmonter l'isolement et la séparation qui sont l'héritage de l'être humain, peuvent s'engager dans une relation qui n'est pas la réunion de deux solitudes, mais bien une véritable union.

Rollo May

"Qu'est-il arrivé? lui demandai-je. Après tant d'années passées ensemble, que s'est-il passé?"

"Je ne sais pas, je ne sais vraiment pas."

Ce dialogue semble inconcevable. Nous qui jouons un rôle prépondérant dans nos relations amoureuses, nous ne savons même pas comment elles fonctionnent. Nous sommes en rapport constant avec les personnes clés de notre existence, mais nous traitons notre conjoint, nos parents, nos enfants, avec une désinvolture qui frise l'indifférence. On dirait que nous ne reconnaissons pas l'influence réelle qu'ils exercent sur nos vies. Ils ont pourtant le pouvoir de nous faire rire ou pleurer, de nous apporter la joie ou le désespoir. On retrouve le même laisser-aller dans les relations de travail, dans les groupes d'amis ou de voisins. Nous pensons que nos relations peuvent se passer de nous!

Il est essentiel et urgent que nous nous penchions sur nos sentiments, sur ce que nous disons, faisons, ressentons, et sur les liens que nous tissons avec autrui. Toute relation influence notre santé mentale, le rôle que nous jouons au sein de notre famille et de la société, auprès de nos amis et de nos amants, ainsi que des groupes auxquels nous appartenons.

Pour ma part, même si j'ai insisté sur l'importance des relations amoureuses tout au long de ma vie, cela ne fait que douze ans que j'ai entrepris une étude approfondie du phénomène. Ce n'est pas beaucoup par rapport à l'importance du domaine, mais c'est très honorable si l'on considère le manque de sérieux et la rareté des études menées jusqu'à ce jour.

J'ai été amené à faire deux types d'études. Chaque fois que j'ai trouvé une personne qui, comme moi, cherchait à entrer en relation avec autrui à divers niveaux, j'ai mené une recherche informelle. C'est un bon moyen de stimuler la conversation. Les réponses que j'ai obtenues m'ont souvent dérouté. À la question

"Êtes-vous heureux et épanoui dans votre relation actuelle?", on a répondu par des: "Je pense que oui", "Parfois", "Je n'y ai jamais vraiment réfléchi", "Je me débrouille", "J'ai des hauts et des bas, c'est normal, non?" Pas très stimulant... Il est assez triste qu'on m'ait si rarement répondu par un "Oui!" sans équivoque.

À la question: "Avez-vous fait des études dans ce domaine?" et "Avez-vous déjà réfléchi sérieusement à la question des relations?", les gens ont répondu par: "Suivre des cours de relations? Où ça?", ou encore: "Eh bien, j'y ai réfléchi un peu. Et je pense que je suis aussi bon que les autres", et enfin: "Pourquoi étudier le sujet? Vous le vivez, et vous en subissez les conséquences."

Je ne pense pas que ces gens songeraient une seule seconde à sauter à l'eau sans savoir nager. Je ne comprends pas que l'on puisse supporter pendant des années des relations de moins en moins heureuses, alors que les solutions existent. Beaucoup de gens ignorent que les relations peuvent se transformer, évoluer pour le mieux et offrir une grande part d'amour, de chaleur et de sécurité. Beaucoup ignorent qu'une relation amoureuse est capable de donner son véritable sens à l'existence.

Désirant une approche rigoureuse, je me suis servi du questionnaire mentionné plus haut. J'ai demandé aux gens de donner leur définition d'une relation en se basant sur leur propre expérience. Les réponses furent souvent excellentes et pleines de sensibilité. Quelques personnes refusèrent de se plier à l'exercice. Plusieurs me dirent que ce genre d'étude avait une valeur éducative importante, et étaient conscientes du défi que cela représentait. Pour elles, répondre à mes questions fut un véritable plaisir. On me fit les commentaires suivants: "Grâce à vous, j'ai été forcé de mettre enfin en termes concrets ce que je prenais pour acquis"; "Je ne pensais pas qu'il était aussi difficile de mettre en mots des faits que j'ai vécus pendant 52 ans."

Il est intéressant de noter que l'on a souvent tendance à traiter le sujet de l'amour comme un simple phénomène naturel qui "va de soi", et d'ignorer ainsi les incroyables défis qu'il lance à l'être humain. Avant de poursuivre, vous voudrez peut-être prendre le temps de définir ce que représente pour vous une relation amoureuse.

Quelle est votre définition d'une relation amoureuse?

*   *   *

Réponses des personnes interrogées

• Une relation amoureuse est une association de choix. C'est aimer quelqu'un avec ses défauts; c'est faire de la découverte, de la lutte et de l'acceptation les bases de la croissance et de l'émerveillement.

• Une relation amoureuse est une relation où les individus se font suffisamment confiance pour se sentir en sécurité malgré leur vulnérabilité respective. L'autre n'est jamais pris pour acquis, n'est jamais exploité. Cela implique un niveau *élevé* de communication, de partage et de tendresse.

• Une relation amoureuse en est une qui permet à chacun d'être ouvert et honnête envers l'autre, sans crainte d'être jugé. On se sent en sécurité, on sait que notre partenaire est notre meilleur ami et que, quoi qu'il arrive, il restera à nos côtés.

• Une relation amoureuse en est une où les individus s'épanouissent dans la compréhension, l'amour et l'acceptation des différences de chacun. C'est une relation qui encourage à profiter d'un maximum de beauté et d'amour, et à le partager.

• Une relation amoureuse en est une où chacun accepte l'autre dans sa globalité.

• Une relation amoureuse en est une où les notions de droits de possession, de pensées, d'émotions et même d'actions individuelles tendent à s'estomper et à se fondre dans un but ultime commun.

• Une relation amoureuse est à la fois une expérience mystique et cependant concrète, dynamique, fluide. C'est une fin en soi, plus qu'un moyen d'atteindre son but. Il n'y a pas d'attentes face à l'autre, mais bien une profonde appréciation de la relation pour ses valeurs, ses possibilités, ses beautés intrinsèques.

• Une relation amoureuse en est une où l'on sent une attention mutuelle pour l'épanouissement et la croissance de l'autre, où la possessivité s'efface devant le désir de voir l'autre se réaliser, où l'égoïsme est remplacé par le don, le partage et l'écoute, où les canaux de la communication demeurent ouverts, et où les qualités sont accentuées, et les défauts minimisés.

• Une relation amoureuse en est une où chacun accepte sans crainte de connaître l'autre, en sachant bien que l'on n'est pas parfait, mais que l'amour l'est, et peut par conséquent venir à bout de tous les problèmes.

• Une relation amoureuse signifie accepter l'autre de façon inconditionnelle, l'aider à atteindre ses buts, à s'épanouir pleinement. Chacun voit en l'autre un ami en qui il peut avoir confiance et dont il apprécie la présence.

• Une relation amoureuse en est une qui offre le confort de la présence d'un être avec qui l'on peut, grâce au langage verbal ou corporel, partager des sentiments réciproques de confiance, d'honnêteté, d'admiration, de dévotion et de bonheur.

• Une relation amoureuse en est une de confiance et d'acceptation qui crée un sentiment de tendresse, de chaleur, de sécurité et de plénitude. C'est une relation qui offre force et soutien constants.

• Une relation amoureuse est un échange gratuit d'affection et d'attention, qui a pour origine une honnêteté totale, et une communication continue dont toute exploitation est absente.

• Une relation amoureuse ne s'évalue pas selon sa durée, mais selon sa qualité. La relation idéale est un échange sain d'idées, de sentiments et d'expériences. C'est un point de fusion, un lieu où nous pouvons être nous-mêmes et explorer nos aspirations, nos espoirs, nos craintes et nos joies les plus profonds sans crainte d'être condamnés, rejetés ou abandonnés. C'est un milieu qui nous permet de nous détendre, de trouver du réconfort, et de refaire nos forces pour mieux affronter le quotidien.

• Une relation amoureuse en est une où l'on est libre d'être soi-même, où l'on peut rire avec l'autre, mais jamais s'en moquer; où l'on peut pleurer avec l'autre, mais jamais à cause de lui; où l'on aime la vie, soi et l'amour que l'autre nous porte. Une telle relation repose sur la liberté et ne peut s'épanouir dans la jalousie.

• Une relation amoureuse en est une où chacun se sent tellement aimé, accepté et en sécurité qu'il devient possible de partager ses sentiments, ses rêves, ses échecs, ses succès les plus intimes sans réserve. C'est un échange véritable où l'on donne et reçoit, une interaction réciproque basée sur un respect mutuel et empreint de dignité, où les larmes et les rires sont également importants. C'est une relation qui apporte continuellement ses richesses à l'épanouissement des partenaires.

• Une relation amoureuse est un désir de célébrer, de communiquer et de connaître le coeur et l'âme de l'autre.

• Une relation amoureuse signifie être capable d'exprimer franchement et honnêtement ses sentiments avec la spontanéité et la confiance d'un enfant.

• Une relation amoureuse en est une où chacun voit l'être aimé non comme une extension de soi, mais comme un être unique, merveilleux, en devenir constant — un lieu de fusion où l'on ne craint pas de se perdre.

• Une relation amoureuse est un lien réciproque, dynamique et changeant qui permet d'utiliser toutes les qualités intrinsèques de l'autre, qui les encourage, et même qui les exige.

Il est normal, et plutôt stimulant, que nous définissions, comme tant d'autres choses, ce qui constitue nos relations amoureuses. Ce qui est important, ce n'est pas tant le contenu en tant que tel de la définition, mais le fait que nous puissions le faire dans notre esprit, et que chaque partenaire soit d'accord à ce sujet. Pour certains, une relation implique une franchise sans faille, une confiance et une implication totales. Pour d'autres, il est essentiel que l'implication de chacun soit plus légère. Quand nous disons à quelqu'un "Viens avec moi. Je t'aime.", il serait bon de penser aux innombrables possibilités que cela implique.

Chapitre II

S'aimer et communiquer

L'homme a développé des systèmes de communication Terre-Lune. Cependant, la communication est souvent impossible entre mères et filles, pères et fils, Noirs et Blancs, ouvriers et patrons, démocrates et communistes.

Hadley Read

La communication, qui est l'art de se parler, d'exprimer clairement ses pensées et ses sentiments, et d'écouter tout en s'assurant que le message a été bien compris, est sans nul doute la faculté la plus essentielle à la création et au maintien des relations amoureuses.

Lors de son discours de réception du prix Nobel en 1950, William Faulkner soulignait la *force unique* de cette voix humaine qui se ferait encore entendre au dernier matin du monde.

On peut certainement donner raison au grand écrivain. La parole remplit le monde. L'être humain est continuellement en train de communiquer, de jour comme de nuit, avec les autres comme avec lui-même. Les sujets ne manquent pas: la joie, la haine, la peur, la paix, la souffrance, la culpabilité, l'espoir, les menaces, le regret, l'art, l'envie, le mépris, l'échange d'informations et, espérons-le, l'amour. Cet espoir réside, toujours selon Faulkner,

> ... non seulement dans le fait que l'homme soit le seul à posséder cette infatigable voix, mais aussi parce qu'il est doté d'un esprit capable de compassion, de patience et de sacrifice.

C'est la parole qui porte en elle la compassion, l'esprit de sacrifice, l'engagement. C'est elle qui, bien que trop rarement entendue, demeure l'essence précieuse et unique des relations amoureuses.

Il y a plusieurs années de cela, lorsque je donnais des cours sur les relations amoureuses, j'ai proposé à mes étudiants l'exercice suivant: dire aux personnes qui leur étaient chères qu'ils les aimaient et les appréciaient sincèrement. Ce petit exercice apparemment anodin s'avéra beaucoup plus difficile que prévu. La plupart des étudiants semblaient atteints de mutisme. Ils étaient mal à l'aise, gênés d'exprimer ainsi leur amour. Plusieurs n'y parvinrent pas. Discutant ensuite de ces difficultés inattendues, nous trouvions effectivement étrange que la majorité des étudiants trouvent ce genre de déclaration menaçante! Ces réactions permettaient de bien comprendre pourquoi la voix de l'amour se fait si rarement entendre, et le cas échéant, pourquoi elle est si ténue.

Nous savons pourtant combien notre silence est lourd de regrets. Nous attendons que les êtres chers disparaissent pour exprimer l'amour que nous leur portions, et leur rendre des honneurs publics.

Comme je l'ai maintes fois écrit, j'ai eu la chance d'être élevé dans une famille où l'on entendait beaucoup parler d'amour. Ce n'était pas toujours doux ni gentil à la maison. Ma mère parlait fort, elle hurlait même souvent. Elle ne savait pas que les cris et les coups peuvent laisser chez les enfants de profondes cicatrices. Souvent, elle me menaçait avec des phrases du type: "*Te spacco la faccia*", ce qui signifie: "Tu vas recevoir une gifle" — et elle s'exécutait, à l'occasion. J'ai d'ailleurs une dent cassée qui en est la preuve. Son expression américaine favorite était *shut up* (je n'ai jamais compris pourquoi ni comment). Mon père ne craignait pas non plus de blesser notre psychisme en nous donnant des fessées. La psychologie était le cadet de ses soucis. Mes parents avaient des valeurs et ils voulaient nous les faire partager. En fait, nous n'en questionnions jamais le bien-fondé. Ce milieu explosif ne manquait pas d'expressions d'amour. Maman n'allait jamais au grand marché central sans nous rapporter un morceau de chocolat, un gâteau ou notre fruit préféré. Mon père et ma mère nous serraient dans leurs bras pour nous dire bonjour et bonne nuit. Ils nous embrassaient souvent au cours de la journée et même la nuit. Les blessures guérissent vite lorsqu'on a la certitude d'être aimé.

C'est dans l'amour qu'ils nous inculquaient la religion, qu'ils nous envoyaient à l'école et qu'ils conversaient avec nous. À cette nourriture spirituelle et intellectuelle s'ajoutait celle de nos corps: ma mère cuisinait très bien. Elle nous obligeait aussi à jeûner au printemps et à ingurgiter du citrate de magnésium. Comme récompense, nous avions priorité pour la salle de bains toute la journée (cette pièce était incroyablement encombrée vu notre grand nombre) et avions droit à déguster notre plat favori le lendemain. Chacun de nous occupait une place essentielle dans la famille, quel que soit son âge. Lorsque l'un de nous avait un problème, c'était le problème de *toute la famille*, et chacun devait apporter ses suggestions. On nous écoutait, et ce que nous disions était respecté. Dans un milieu semblable, les leçons de la vie, méritées ou non, étaient faciles à supporter.

Aujourd'hui, les jeunes se plaignent non pas d'être privés de confort matériel ou physique, mais bien de la possibilité de communiquer intimement. Ils ont un grand besoin d'avoir des discussions qui les aident à entendre leur propre voix, à découvrir leurs ressources, à faire leurs erreurs et à rechercher leurs solutions dans un milieu propice à l'épanouissement. Ils se plaignent du côté superficiel des rapports existant entre eux et ceux qui leur sont chers.

Un jour, une de mes étudiantes vint me trouver pour discuter d'un problème très personnel. Je lui suggérai d'en parler avec ses parents. Elle rétorqua que ce n'était pas la peine, qu'ils ne comprendraient pas. Estimant que le problème en question nécessitait une aide familiale, j'insistai et la persuadai de faire au moins un essai. Je la revis quelques jours plus tard. Elle avait vraiment fait des efforts, elle s'était ouverte à ses parents. Ceux-ci lui avaient dit qu'elle faisait une montagne de cette histoire et que cela passerait avec le temps. Ils changèrent tout simplement de sujet, refusant d'en discuter, comme si le fait d'ignorer un problème aidait à le résoudre. Ce n'est qu'après que leur fille eut tenté de se suicider qu'ils réagirent. "Pourquoi ne nous as-tu pas parlé de tes difficultés?" demandèrent-ils. Elle répondit simplement: "Pourquoi ne m'avez-vous pas écoutée quand je l'ai fait?"

Éric Berne, le célèbre auteur du livre *Transpersonal Psychology*, a travaillé au rapprochement des gens dans leur intimité. Il a montré comment les nombreux jeux et rôles que nous jouons coupent la communication, creusant un fossé de plus en plus profond entre les êtres, et détruisant toute possibilité d'intimité entre les gens qui s'aiment. Il s'est posé quatre questions — essentielles dans le processus de la communication:

Comment dites-vous "bonjour"?

Comment répondons-nous à ce salut?

Que disons-nous après avoir dit "bonjour"?

Et par-dessus tout, que faisons-nous quand nous ne disons pas bonjour?

Excellentes questions!

Personnellement, je viens compliquer ce sujet, car je tiens à mieux comprendre la communication de l'*amour*. Les questions qui suivent ajoutent donc un élément de complexité et de défi aux précédentes:

Comment dit-on "Je t'aime", et pourquoi est-il si difficile de faire ce type de déclaration?

Comment dit-on "Je t'aime" en retour? (en excluant la crainte ou l'intimidation.)

Que dit-on après avoir dit "Je t'aime"?

Comment maintient-on la communication amoureuse?

Enfin, et par-dessus tout, pourquoi les déclarations d'amour sont-elles si rares?

Les spécialistes en communication savent que la plupart du temps, nous nous parlons à nous-mêmes. Bien souvent, le message que nous voulons communiquer manque de clarté, et nous n'avons pas l'aptitude linguistique requise pour structurer correctement notre pensée. D'autre part, même si notre message est correctement émis, nous nous heurtons encore à des auditeurs qui ne sont pas intéressés, ou incapables de "traduire" le contenu intellectuel et émotif de nos paroles. La communication se trouve alors réduite à une simple vibration.

L'art de la conversation a lui aussi disparu. Les réceptions, les grands soupers, ne génèrent pas autre chose que des échanges bruyants et superficiels. Les repas de famille qui permettaient autrefois de se parler et de partager des idées sont devenus une sorte de rituel obligé auxquels on préfère la télévision, les sorties ou l'intimité de nos chambres séparées.

Dans son livre de poèmes intitulé *Lovetalk* Lois Wyse écrit:

Tant de mariages de télévision —
ce simulacre de vie sur fond
de télévision.
Au lieu de deux vies occupant la pièce
Il y a leurs deux vies et les nouvelles de onze heures
Sans cesse interrompues
par la publicité.
Au lieu de ce que tu dis et de ce que je dis
C'est ce que Dick, Johnny et leurs invités disent.
Tu ne ris pas avec moi;
Je ne ris pas avec toi.
Le comique déferle en cascades du poste.
Et nous en rions ensemble.
Plus nous évitons de nous parler
plus notre relation devient passive.
La télévision nous permet de nous promener dans la
vie
en communiquant de moins en moins.
Moins nous nous parlons
plus la parole devient ardue.

Comment dites-vous "Je t'aime"?

Nous sommes tous en possession d'un langage, seul le degré de sophistication change d'un individu à l'autre. Bien qu'il existe de très nombreuses théories concernant la langue, on ne sait toujours pas comment on en fait l'acquisition. On sait que les enfants apprennent quasi "spontanément" et qu'un sujet normal aura acquis le langage vers l'âge de deux ans. Le processus d'acquisition est universel. L'enfant commence par babiller, puis il passe au stade de l'écholalie. Il forme ensuite des mots, puis des phrases. Il semble que pour parler, l'enfant ait uniquement besoin du milieu linguistique adéquat, c'est-à-dire un milieu où il puisse entendre les sons

51

de sa langue. Je n'oublierai jamais l'étonnement d'une compatriote que j'avais rencontrée alors que j'enseignais à Taïwan: elle n'en revenait pas d'entendre des enfants de deux ans et demi parler chinois! Quelle autre langue pouvaient-ils parler?

On sait que les enfants ont dès leur plus jeune âge l'oreille incroyablement exercée aux sons de la langue, et qu'ils apprennent ce qu'ils entendent. Il semble incroyable qu'ils puissent différencier des mots comme "maman", "maison", "manger". Les mots entendus seront les mots appris, apparemment sans raison. Ce seront les outils qui permettront à l'enfant d'organiser son milieu et d'interagir avec lui. Les mots constituent la base des relations humaines. Si l'enfant entend "oui", "amour" et "bon", et d'autres symboles aussi positifs, il s'en servira comme outils. Nos enfants disent "non" bien avant d'avoir appris à dire "oui", et prononcent le mot "haine" trop souvent avant le mot "amour". Qu'est-ce qui pousse un enfant de maternelle à crier "Je fais une dépression nerveuse"? Certainement pas son instinct.

Ainsi, notre milieu est porteur ou non d'une langue d'amour, et nous apprendrons ou non les symboles verbaux nécessaires à communiquer avec autrui.

Comment dites-vous "Je t'aime aussi"?

Une fois que nous avons une certaine connaissance de la langue, comment nous améliorons-nous? Comment nous en servons-nous pour informer ou alimenter un dialogue?

Il est probable que l'usage le plus courant de la langue a un but d'information et d'explication. Le professeur donne des consignes claires à ses étudiants: "Inscrivez toujours votre nom en haut et à droite." Demandez aux professeurs combien de fois ils reçoivent des devoirs avec le nom à gauche, ou pas de nom du tout. Vous demandez un café noir, et le serveur vous demande tout de suite si vous le voulez avec lait et sucre. Le langage n'est pas la communication. La communication nécessite le dialogue. La plupart des gens entretiennent des monologues. Le grand philosophe Martin Buber s'est beaucoup intéressé à cette question. Il parle de *dialogue technique* qui sert à communiquer l'information pure et simple, où les sentiments n'entrent pas en ligne de compte. Puis il

52

passe au *monologue déguisé en dialogue*, où la personne parle dans l'indifférence totale. L'auteur illustre ce point par ce qu'il appelle le *discours amoureux* où les amants trouvent leur discours auto-suffisant.

Le dialogue entre Candide et Cunégonde, les amants du *Candide* de Voltaire, en est un exemple très amusant. Leonard Bernstein en a fait une adaptation musicale, où l'on voit le duo exprimer en même temps leurs espoirs qui s'avèrent être diamétralement opposés.

Candide rêve d'une petite ferme avec poulets, vaches et potager.

Cunégonde aspire à une vie luxueuse: yacht, cocktails, bijoux.

Chacun continue, et la chanson se termine sur Cunégonde qui rêve de voyager de par le monde et de mener la belle vie, et sur Candide qui continue à se voir à la campagne.

Revenant sur terre, les amants se regardent. Cunégonde déclare son amour de la vie conjugale, Candide, en parfaite harmonie, se réjouit de l'entente exceptionnelle qui règne entre eux.

On peut imaginer la durée d'une telle relation!

Buber poursuit en définissant le *dialogue vrai*, qui est celui où le locuteur est conscient de la personnalité et des besoins spécifiques de son interlocuteur. Cette forme de communication permet de voir "une succession d'interlocuteurs non comme une foule ou une masse, mais comme une série d'individus qui peuvent tous être vus comme des personnes". Buber considère que le but ultime de tout vrai dialogue doit être le bien-être des personnes qui nous sont chères, leur épanouissement et le respect de leur potentiel. C'est une autre façon de dire "Je veux que mes paroles te stimulent, t'apportent la paix et t'aident à développer ton potentiel. Je veux que ce que je dis nous rapproche mutuellement. Tu es un être plein de dignité, par conséquent mon interaction doit t'offrir tout ce que tu mérites, et mon *moi total* en cet instant." Ne serait-il pas merveilleux de vivre une telle communication avec ceux que nous aimons? Ne serait-ce pas beau, riche et gratifiant?

Que dites-vous après "Je t'aime"?

Comment maintenez-vous la communication vivante?

Il est évident que la communication dépasse le son émis. Il y a plusieurs sortes de langages, celui des mots, celui du silence, celui de l'action et celui de l'écoute.

Les mots sont merveilleux, mais ce ne sont pas des *choses*. Les mots n'en sont que les représentants. Lorsque nous voyons une personne du sexe féminin traverser la rue, nous pouvons l'identifier au mot "dame" ou "femme". Ces deux termes sont des symboles de représentation, mais la personne en question est plus que ce symbole: il peut s'agir aussi d'une mère, d'une femme d'affaires, d'une soeur, d'une belle-mère, d'une femme célibataire, d'un individu joyeux, etc.

Les mots sont faits de symboles phonétiques (les sons) mis bout à bout dans un ordre accepté, et auxquels on a donné un sens. L'objet "voiture" aurait pu être nommé "rètre" ou "plite". Ce serait un autre type de dénomination de l'objet "voiture".

C'est Mark Twain qui raconte l'histoire hilarante d'Adam et Ève qui se disputent pour donner un nom aux objets de la création. Adam a du mal à créer. Ève nomme tout selon les caractéristiques. Adam nomme son environnement Le Jardin d'Éden. Ève le corrige, en lui faisant remarquer que le paysage ne ressemble en rien à un jardin, mais qu'il a tout d'un parc. Elle insiste pour baptiser le lieu le Parc des Chutes du Niagara. La morale de l'histoire c'est que les mots sont de simples outils qui servent à organiser notre milieu. Nous pouvons tout nommer comme nous le voulons.

L'apprentissage de la langue se fait dès la naissance. Nous possédons peu de ressources en dehors des mots pris comme symboles pour organiser notre monde. Les personnes qui jouent un rôle important dans notre milieu nous enseignent le vocabulaire de base, les définitions, et le contenu intellectuel du mot. Nous pensons avec les mots que nous acquérons à cette époque, et nous devenons ce que nous pensons. Le processus est encore plus complexe que cela, car nous attachons un *contenu émotif* à chaque mot, le type de sentiment que le mot évoque pour nous. Prenons par exemple le mot *mère*. C'est un terme facile à définir. La mère est le parent de sexe féminin. C'est exact. Ceci est le contenu intellectuel du mot, mais c'est aussi une définition creuse. Selon l'expérience que nous avons de notre mère, ce mot pourra évoquer la joie: "Il serait vraiment agréable de voir maman", "Les lasagnes de maman sont les meilleures du monde"; ou éveiller des sentiments négatifs: "Oh non, quelle casse-pieds!", "Si ma mère nous accompagne, je reste à la maison." Il est bien évident que le contenu émotif d'un mot joue un rôle aussi sinon plus important que le contenu purement intellectuel.

Les mots continuent à susciter des réactions de haine, de peur, d'angoisse, de fuite, des réactions qui nous viennent de l'enfance, premier lieu de contact avec le mot, et que nous n'avons jamais pris la peine de redéfinir une fois adultes.

Il y a des gens qui détestent "_____" avec passion. D'autres condamnent les races, les religions, les coutumes, les croyances, en se fiant uniquement à leur réaction au symbole qui s'y rattache et non à une expérience réelle. Ainsi, on évite, on craint, on veut même tuer d'autres individus pour qui ces symboles sont importants. La communication est pratiquement impossible à établir avec des gens qui ont des tendances émotives aussi violentes.

Quelle est votre réaction aux mots communisme, juif, athée, cancer, violeur, dieu, amour, espoir, pardon, extase? Vous êtes-vous déjà arrêté assez longtemps pour en faire une analyse? Bien des changements se sont produits au plan de la sensibilité, de l'expérience et de l'éducation depuis que vous avez appris ces mots. Avez-vous réécrit votre dictionnaire d'adulte?

Lorsque j'étais enfant, les étiquettes comme "Italien, Rital, étranger, pauvre, catholique, retardé, maigrelet" me faisaient beaucoup souffrir. Nous avons tous subi ces mots qui blessent. Beaucoup de gens sont ainsi jugés, exclus ou admis, aimés ou détestés. Des millions de Juifs ont été anéantis par les nazis, pour la seule raison qu'ils étaient juifs. Même aujourd'hui, de tels génocides sont commis à cause d'étiquettes politiques ou religieuses.

Il est donc essentiel de savoir que si nous désirons communiquer, nous devons user des mots avec prudence. Nous pouvons et devons exercer un contrôle sur les mots, changer nos définitions ainsi que les sentiments qui s'y rapportent. Ce n'est que de cette façon que nous serons libres de contrôler nos vies, car notre vocabulaire sera un reflet fidèle et réaliste de notre système de valeurs et de nos actes.

Même si la communication verbale est la plus importante, elle n'est pas la seule. Comme l'écrivait Saint-Exupéry: "Les mots peuvent être une source de grande incompréhension." Nous utilisons aussi des messages non verbaux. Lorsque je rencontre quelqu'un dans la rue, j'ai l'habitude de saluer la personne d'un "Bonjour, comment ça va?" Quand on me répond "Très bien", j'ai souvent envie de rétorquer: "Alors dites-le donc à votre visage."

Nous nous parlons par des sourires, des poignées de main, des accolades, des rires, des regards, des caresses, des embrassades et autres gestes. Ce sont des langages parfois plus puissants que les mots. Une poignée de main peut être très révélatrice. Une accolade donne de nombreux indices. Un regard suggère mille mots. Nous sommes pourtant assez peu conscients que ces messages non verbaux révèlent aux autres notre personnalité la plus profonde.

J'ai dû récemment être hospitalisé pour des problèmes cardiaques. Plusieurs infirmières se relayèrent à mon chevet jour et nuit. Après quelque temps, je pouvais dire quelles infirmières faisaient un travail de routine et lesquelles prenaient vraiment à coeur la guérison de leurs patients. Des gestes simples, comme prendre la température ou le pouls, frotter le dos, prendre un moment pour dire bonjour en serrant la main sont très révélateurs. Sentir des gens chaleureux autour de soi aide beaucoup à guérir. Ma chambre était remplie de plantes et de fleurs. Je me fis un plaisir de les partager. C'était ma façon d'entrer en contact et d'entreprendre des relations amicales. "Pour moi?" demandaient les autres patients, et tout de suite, je voyais leur visage prendre une expression de joie. Quelqu'un s'occupait d'eux, les regards pétillaient de vie. Je me suis fait des amis dans presque chaque chambre. Les médecins faisaient leurs visites le matin, Buscaglia faisait ses rondes "d'amour" le reste de la journée. Mon état de santé s'améliorait à une vitesse surprenante et j'eus le temps de voir des transformations autour de moi. Un patient qui m'avait dit la première fois que je l'avais vu: "Personne ne fait attention à moi, autant que je meure!" marchait avec moi dans le couloir le jour de mon départ. "Dire", c'est bien, mais "faire" a un impact beaucoup plus fort. Il y a plusieurs années de cela, j'eus un maître bouddhiste qui m'enseigna que "savoir *sans agir*, ce n'est pas savoir!"

À moins d'aimer parler tout seul, pour communiquer, il faut être deux. Cela veut dire que l'on se parle à tour de rôle. Mais les gens qui savent écouter sont rares, autant que le sont d'ailleurs les "orateurs" sensibles. Nous avons oublié l'art de l'écoute. Nos préjugés nous empêchent d'écouter ce que l'autre a à nous dire, car nous sommes en train de préparer notre réponse. C'est ainsi que bien des gens répondent avant même que nous ayons fini de poser nos questions.

J'ai appris récemment que le locuteur normal peut dire 125 mots par minute, et l'auditeur moyen peut traiter de 400 à 600 mots dans le même temps. La vraie écoute est déterminée par l'utilisation que nous faisons de ces intervalles. Sommes-nous en train de préparer notre propre dialogue? Préparons-nous le menu du lendemain? Rêvons-nous de ce que nous ferons, des endroits où nous aimerions aller? Observons-nous et percevons-nous la façon dont la personne est habillée, sa façon de s'exprimer, sa sexualité? Tout ceci arrive souvent en même temps et ce n'est qu'une fois que la discussion est amorcée que nous réalisons tout ce que nous avons perdu en n'écoutant pas.

Dans un poème anonyme intitulé *Écoute*, on trouve exprimés les écueils auxquels mène le manque d'attention:

Lorsque je te demande de m'écouter et que tu commences à
me donner des conseils,
    tu ne fais pas ce que j'attendais de toi.
    Quand je te demande de m'écouter et que tu commences à
me dire pourquoi,

à me dire que je ne devrais pas sentir ce que je sens, tu piétines mes sentiments.

Quand je te demande de m'écouter et que tu sens que tu pourrais m'aider à résoudre mes problèmes,

tu as échoué, aussi étrange que cela paraisse.

C'est peut-être pour cela que la prière est efficace pour certains.

Parce que Dieu est muet et qu'Il ne donne pas de conseils et n'essaie pas de réparer les choses.

Il se contente d'écouter et de croire que la personne trouvera elle-même ses solutions.

Alors je t'en prie, contente-toi de m'écouter et de m'entendre. Et si tu veux parler, attends ton tour quelques minutes, et je promets que je t'écouterai.

Le partage, qui est vital à la communication amoureuse, cesse dès que l'on sent que l'autre ne nous écoute pas, ou se moque de nos paroles. Le plus triste, c'est que nous n'avons pas souvent de seconde chance.

Un troisième niveau de communication tout aussi essentiel est lui aussi d'ordre non verbal. C'est la communication qui passe par les actes. Rappelez-vous le message d'amour d'Elisa Doolittle dans la comédie musicale *My Fair Lady* de Lerner et Lowe: "Montrez-moi que vous m'aimez, crie-t-elle, cessez d'en parler!" Faites des choses tendres l'un pour l'autre. Soyez attentifs. Mettez en pratique vos sentiments. Préparez les plats préférés de votre partenaire. Envoyez des fleurs. Souvenez-vous des fêtes et des anniversaires. N'attendez pas la Saint-Valentin pour fêter votre amour.

Venons-en à la question finale:

Que faisons-nous tous au lieu de dire "Je t'aime"?

Nous sommes froids, destructeurs, intimidants, décevants, humiliants, dévalorisants, et nous ne savons pas comment changer tout cela. Un nouveau langage amoureux peut nous faire un esprit neuf. Dans *The Human Connection*, l'important ouvrage d'Ashley

Montagu et Floyd Matson, il est écrit que l'amour est la forme la plus élevée de communication.

> La communication humaine, c'est, comme dit le proverbe, "un choc de symboles", qui couvre une multitude de signes. Mais c'est plus que des media et des messages, plus que des renseignements et de la persuasion; cela rejoint un besoin plus profond, et sert un but plus élevé. Qu'elle soit claire ou incompréhensible, tumultueuse ou silencieuse, délibérée ou étourdie, la communication constitue le terrain de rencontre et le fondement de la communauté. En bref, c'est le lien humain essentiel.

Si vous voulez vivre ce lien dans votre relation amoureuse, il serait bon de vérifier les points suivants:

• Dis-moi souvent que tu m'aimes, à travers ton discours, tes actes, tes gestes. Ne prends pas pour acquis que je le sais. Je montrerai peut-être des signes d'embarras, je nierai même que j'ai besoin de l'entendre, mais ne me crois pas, et fais-le quand même.

• Complimente-moi souvent pour les travaux bien faits, et ne me déprécie pas, mais rassure-moi lorsque je connais un échec. Ne prends pas pour acquis tout ce que je fais pour toi. Le renforcement positif et l'appréciation contribuent à m'encourager.

• Dis-moi lorsque tu te sens déprimé, seul ou incompris. Cela me renforcera de savoir que j'ai le pouvoir de te réconforter. Les sentiments non verbalisés peuvent être destructifs. Souviens-toi que bien que je t'aime, je ne peux pas lire dans tes pensées.

• Exprime des pensées et des sentiments joyeux. Ils apportent de la vitalité à notre relation. Il est merveilleux de fêter des journées pour le plaisir, même si ce n'est pas la Saint-Valentin. Il est bon de faire des cadeaux sans raison officielle et de s'entendre dire des mots d'amour.

• Lorsque grâce à toi je me sens unique, cela me réconforte, et me fait oublier les fois où l'on m'a ignoré.

• Ne me nie pas en me disant que mes perceptions ou mes sentiments sont insignifiants ou irréels. C'est mon expérience, elle est donc importante et réelle à mes yeux.

- Écoute-moi sans me juger, et sans idées préconçues. Être écouté, être vu est vital. Si tu me vois et m'entends vraiment tel que je suis, c'est une affirmation continue de mon être.

- Touche-moi, prends-moi dans tes bras, serre-moi. Mon moi physique en est revitalisé.

- Respecte mes silences. C'est dans les moments de calme que je peux trouver des solutions à mes problèmes, que je peux exprimer ma créativité et vivre ma spiritualité.

- Dis aux autres que tu m'apprécies. Cela me rend fier. J'aime que nous partagions la joie de notre relation avec les autres.

Il est possible que tout ceci vous semble superflu entre personnes qui s'aiment, et que vous pensiez que ces marques d'attention se font spontanément. Il n'en est pas ainsi. Ce sont ces aspects précis de la communication qui sont les pierres d'achoppement d'une relation amoureuse saine et équilibrée. Et ce sont eux qui créent les plus beaux sons du monde!

Chapitre III

S'aimer
dans l'honnêteté

Dites la vérité, toute la vérité, rien que la vérité.

Il n'y a rien de tel que la vérité absolue — c'est absolument vrai.

Anonyme

— Et Pilate dit: "Quelle est la vérité?" (Il n'attendit pas la réponse.)

On rapporte qu'au IVe siècle avant Jésus-Christ, Diogène partit à la recherche d'un homme honnête. Armé d'une lampe en plein jour, il alla partout pour le trouver. Mais il ne le trouva point.

Les oeuvres de psychologie, de philosophie et de religion parlent toutes de la nécessité de l'honnêteté et de la vérité pour qu'une relation soit durable. Nous avons un besoin vital de croire que ceux que nous aimons et qui nous aiment nous diront toujours la vérité. Comment survivre autrement? Et pourtant, il serait intéressant de demander aux lecteurs de ces pages s'ils connaissent quelqu'un qui soit absolument intègre. La réaction courante est de reformuler la question: "Que voulez-vous dire par honnête?", "Honnête, comment?", "Dans quelles circonstances?", "Avec qui?", "Honnête pour les choses importantes?" Autant de questions qui suggèrent qu'il y a plusieurs sortes et plusieurs degrés d'honnêteté.

Quelle que soit la définition que l'on en donne, il reste que la malhonnêteté est la grande coupable de l'échec des relations. Les familles se séparent, les amants s'agressent physiquement et commettent même ce que l'on appelle des "crimes passionnels". Les commerces se dissolvent, même les gouvernements s'écroulent, et les nations se livrent des guerres sanglantes. Il est souvent moins "grave" de dire un mensonge pour éviter de graves crises. On se dit: "Tant que cela ne blesse personne..."

En 69, un sondage Louis Harris, publié dans le magazine *Time* révélait les chiffres suivants: six personnes sur dix, aux États-Unis, estiment que le mensonge est justifié dans certaines situations. 1 pour 100 des personnes interrogées pensent que c'est toujours acceptable quelle que soit la situation; 58 pour 100 disent parfois; 38 pour 100 estiment que le mensonge n'est jamais admissible, et

3 pour 100 hésitent sur la notion d'honnêteté. En réalité, je crois que ceux qui ont vraiment réfléchi à la question sont rares. Quand nous prêtons serment, nous jurons de dire "la vérité, toute la vérité, rien que la vérité", et pourtant nous fraudons les impôts. Nous proclamons que "l'honnêteté est la meilleure des politiques", mais nous ne dirions jamais aux gens ce que nous pensons vraiment d'eux. Cette attitude n'est certes pas spécifique aux Américains. Les Grecs anciens apprenaient à mentir à l'école, et on leur enseignait des méthodes pour ne pas se faire prendre. Socrate fut condamné à la ciguë pour avoir dit la vérité, car ses juges estimaient que cette *vérité* corrompait la jeunesse.

Dans la Chine ancienne, on recommandait un mélange de malhonnêteté "non coupable". Plutôt que d'encourager une approche intransigeante de la vérité susceptible de faire de la peine aux autres, on suggérait une vérité "pour la gentillesse". Nous n'avons guère changé. Les exemples de malhonnêteté sont légion dans presque tous les secteurs de notre société, à tous les niveaux. On les retrouve dans les relations les plus ordinaires, comme au sein des politiques internationales les plus complexes. Si les gens ne mentent pas carrément, on peut dire qu'ils pratiquent des semi-vérités. Des philosophes et des sociologues admettent qu'une société ou un individu auraient du mal à survivre dans la vérité absolue. Marcel Eck déclarait: "Une société qui exposerait toutes les vérités tiendrait plus de l'enfer que du paradis." Il poursuivait en disant que "Ne pas dire la vérité est parfois un devoir." Et on dit souvent que la plupart d'entre nous ne veulent pas entendre la vérité.

Lorsqu'on prête serment, on jure de "dire la vérité, toute la vérité, rien que la vérité". On peut ensuite observer les avocats présenter des "versions" subtiles de la vérité qui favoriseront le bien-être de leur client. Pourtant, ils se défendent bien de mentir: ils se contentent de réarranger et d'ajuster les faits.

Les publicistes nous déclarent avec une vulgarité criarde que leurs produits sont les meilleurs. C'est ainsi qu'ils nous garantissent soulagement et plaisir instantanés si nous achetons leur produit. Ils promettent de guérir nos rhumes, de nous aider à nous endormir, à maigrir, à trouver l'âme soeur, à satisfaire nos besoins sexuels, à trouver l'amour éternel. Même les plus naïfs savent que ce sont des mensonges, mais nous les entendons si souvent que nous finissons par être désensibilisés; ils ne nous choquent plus. Certains achètent même ces produits dans l'espoir que la publicité aura dit la vérité.

Les journalistes qui se vantent de porter la vérité aux yeux du public n'hésitent pas à mentir pour avoir accès à la vérité. Les promesses électorales des politiciens ne sont pas tenues. On nous promet chaque fois d'équilibrer le budget, de faire disparaître la criminalité, de mettre fin aux guerres, d'éliminer la pauvreté, en mettant "une poule dans chaque pot". Certains promettent même de donner un regain de vitalité à la famille et de réintroduire la morale dans notre société décadente. Après plus de cent ans de rêve américain de liberté, de justice et d'égalité pour tous, nous avons encore de l'espoir. Nous ne sommes pas stupides mais conditionnés à ne pas être trop exigeants dans le domaine de la vérité. Même les forces judiciaires utilisent des méthodes malhonnêtes pour faire parler un criminel. Les médecins veulent nous protéger de la vérité. Les professeurs et les conseillers sentent qu'ils doivent souvent tempérer leurs dires. Nous avons tellement l'habitude de ces mensonges que nous les trouvons normaux, ordinaires et inoffensifs. "Comme je suis content de vous voir", disons-nous à des gens que nous préférerions éviter. "Il faut que nous sortions un de ces jours", affirmons-nous à des êtres que nous n'aimons pas. "J'adore ta coupe de cheveux", déclarons-nous alors que nous n'en pensons pas un mot. Combien de fois remercions-nous les gens qui nous ont fait des cadeaux que nous n'aimons pas? Combien de fois nous sommes-nous extasiés devant des bébés que nous trouvions laids? Combien de fois avons-nous feint de nous intéresser à une discussion qui nous ennuyait à mourir? Nous écrivons des lettres de recommandation pour des personnes dont nous avons hâte de nous débarrasser, et que nous espérons bien ne jamais revoir.

Nous prétendons que c'est pour éviter de faire de la peine aux autres, pour éviter qu'ils souffrent, pour protéger l'innocent. Il n'est donc pas étonnant que le mensonge soit considéré par plus d'un comme un laxisme nécessaire. Nous continuons donc à l'encourager. Nous le pratiquons en toute connaissance de cause et l'enseignons à nos enfants.

J'ai déjà vu des enfants se faire punir, soit chez eux, soit à l'école, pour avoir dit la vérité. Et nous continuons à faire l'apologie de la franchise. Un enfant à qui on fait perdre la face pour avoir dit la vérité apprend vite à manier le "mensonge innocent".

J'ai mené un jour une enquête dans un jardin d'enfants ayant entre cinq et six ans. Je leur posai la question suivante: "Si tu faisais quelque chose de mal, le dirais-tu à maman?" La plupart répondirent par la négative. "Est-ce qu'il vaut mieux mentir et ne pas être puni, ou toujours dire la vérité?" Les enfants n'en croyaient pas leurs oreilles: "Tu es fou, c'est mieux de mentir!"

Dans son ouvrage, *Le Jugement moral chez l'enfant*, l'éminent psychologue Jean Piaget expose la situation suivante à un groupe d'enfants: deux enfants cassent des tasses. Leur mère demande qui est le coupable. Le premier dit que ce n'est pas lui et sa mère le croit. Le second dit que ce n'est pas lui et sa mère le punit sévèrement. Piaget demande: "Est-ce que les deux mensonges sont vilains?" Et les enfants de répondre sans hésiter: "Non!" Piaget poursuit: "Lequel est le plus vilain alors?" Réponse: "Celui de l'enfant qui a été puni."

Combien de fois avons-nous entendu cette phrase: "D'accord, tant que tu ne te fais pas prendre." En fait, ce n'est pas tant le mensonge — léger ou grave — qui compte mais l'information qu'il véhicule, et les conséquences qu'il peut avoir. Le mensonge le plus insignifiant influencera le choix du "récepteur" et aura un effet durable sur son système de valeurs. Un petit mensonge peut donc provoquer un nombre incalculable d'effets sur le comportement.

Un mensonge "fait son chemin". Si, comme c'est le cas pour la vérité, le mensonge ne suscitait qu'une réaction, nous n'aurions qu'un choix à faire: y croire ou non. Mais le mensonge offre une multitude de choix et nous laisse généralement dans un état de confusion, de crainte, d'incertitude, de doute et de ressentiment.

Le besoin de croire est très humain. Nous avons besoin de nous faire mutuellement confiance. Je crois que nous deviendrions fous si nous ne pouvions avoir confiance en personne. C'est sur la confiance que s'édifie et se développe notre système de valeurs. Elle procure un sentiment de sécurité qui nous rend plus ouverts et nous prépare à prendre des risques.

Il existe plusieurs types de mensonges, certains plus destructifs et plus pathologiques que d'autres. Au bas de l'échelle, on retrouve le mensonge "bienveillant". C'est le plus utilisé dans le quotidien. Vous attendez cinq heures un coup de téléphone. Quand la personne appelle enfin, en s'excusant, vous répondez calmement par "Ce n'est rien", alors que vous êtes furieux. Nous aimerions dire ce que nous pensons, mais nous n'osons pas le faire. "Tu aimes mon nouveau manteau?" "Oui, il est superbe." Mais nous le trouvons affreux. "Pourquoi n'es-tu pas venu à ma réception?" "Ce n'est pas que je n'aime pas venir chez toi, mais je ne me sentais pas très bien." Le mensonge "autoprotecteur" sert à nous rendre les choses plus faciles. Nous pouvons toujours répondre par un "Je n'ai pas dit ça", ou par "Vous n'avez pas compris."

Le mensonge manipulateur sert nos plans. Nous manipulons la vérité à notre profit.

Le mensonge impersonnel, c'est faire de fausses déclarations d'impôts, truquer nos comptes de dépenses personnelles; on se dit que tout le monde le fait, et qu'en plus ce n'est pas bien grave.

Le mensonge dit de surenchère aide à fortifier notre ego. Nous voulons absolument impressionner les autres. Chaque fois qu'ils parleront d'une réalisation quelconque, nous dirons que nous faisons mieux.

Il y a enfin les mensonges de rattrapage, de conspiration, de camouflage. Cette liste n'est pas exhaustive.

Pour la plupart des gens, ces mensonges ne sont rien de grave. Ils pensent même que dans certains cas, mentir est bénéfique. Comme nous l'avons vu précédemment, ces non-vérités sont souvent considérées comme des "mensonges bienveillants", pleins de gentillesse, d'attention et de considération.

Certains propos tenus par le secrétaire du grand Martin Luther sont cités dans une lettre adressée à Max Lenz, à l'effet que ce type de mensonge n'est pas contre Dieu, mais qu'il pense que Dieu les comprendrait et les accepterait. Ce, malgré le fait que dans l'Apocalypse (22:15), les menteurs sont associés aux fornicateurs, aux assassins et aux idolâtres, et ne peuvent accéder au paradis.

En mentant, nous induisons que nous méritons un statut spécial. Nous trouvons tout à fait normal de mentir pour servir nos plans, mais nous sommes indignés quand les autres font de même. Quand nous mentons, ce n'est jamais grave. De plus, il ne faut pas oublier le risque inhérent à chaque mensonge. Les gens qui nous démasquent peuvent devenir de plus en plus méfiants à notre égard, et nous entraîner dans une sorte d'escalade du mensonge. On dit que les menteurs doivent posséder une excellente mémoire. Une fois pris, leur crédibilité est à jamais suspecte.

La franchise est un sujet très complexe. Par exemple, comment peut-on évaluer la gravité d'un mensonge? Qui peut en juger? Existe-t-il vraiment des mensonges psychologiquement sains?

Nous avons tous éprouvé la peine d'être déçus, particulièrement par ceux que nous aimons. Notre confiance s'en trouve ébranlée, elle peut même disparaître, et cela a un profond retentissement sur notre vie. Quand notre amour est assez fort, il nous aide à accepter la situation, il nous permet de voir les choses avec objectivité et tolérance. Nous reconnaissons que l'autre est humain, qu'il a des défauts comme tout le monde, et nous pardonnons.

Dans son livre *Creative Living*, Clark Mustakas écrit:

> Être honnête au sein d'une relation amoureuse est parfois terriblement pénible et difficile. Pourtant, dès que l'on s'écarte de la vérité, certaines fibres de notre ego semblent se détacher, et la personne commence à éprouver un sentiment de déception — une façon de manipuler l'autre en empêchant la personne de découvrir "les vrais sentiments et les vraies pensées".

Il y a plusieurs façons de faire face à la vérité et à la déception. Étant donné que les choix sont simples — on ment ou on dit la vérité — on peut très bien affirmer que l'on choisit la vérité, et qu'on la récompense quand elle est là. La majorité des gens estiment que dire la vérité est la meilleure politique. Quand nous mentons, les conséquences s'avèrent être souvent plus destructrices et plus douloureuses que prévu.

Comme une relation est basée sur un partage quotidien de la réalité, il est très risqué de mentir, même par "gentillesse". Il est risqué de décevoir son partenaire. L'ego est d'une certaine façon violé, l'avenir est menacé, la sécurité disparaît.

On a sous-évalué l'importance de dire la vérité. Les doutes qui naissent du mensonge ont une grande influence sur la durabilité de l'amour et de la confiance des partenaires. Leur système de valeurs est ébranlé, la foi disparaît, et une vulnérabilité s'installe.

Seule la vérité peut nous aider à nous sentir en sécurité. Seule la vérité peut apporter la confiance nécessaire à des relations durables. Seule la vérité, qui peut être parfois pénible, peut créer un milieu sûr d'unité et de croissance.

On ne peut nier que dire la vérité est une tâche ardue. Pourtant, elle est au coeur même de toute relation. Il n'y a pas de confiance sans vérité. Il n'y a pas d'amour sans confiance.

Mentir ou ne pas mentir? Voici ce qu'en dit le Dr Roger Gould dans son livre *Transformations*:

> La vérité doit être notre objectif, quelle qu'elle soit. Tout mensonge entraîne des jugements erronés, puis de mauvaises décisions, qui peuvent avoir des conséquences imprévisibles sur nos vies. Qui plus est, tout mensonge "protecteur" est une crevasse dans notre psychisme, qui laisse la place à un petit démon qui réapparaîtra, à des angoisses inexpliquées devant les menaces de la vie.
>
> Les mensonges qui sont sensés nous protéger de la souffrance nous en infligent une supplémentaire. Nous augmentons nos mensonges pour nous protéger des corrections naturelles de la vie quotidienne. Plus nous sommes sur la défensive, plus notre processus de pensée en souffre, plus nous aliénons notre esprit, car toute nouvelle information est susceptible de contredire les mensonges que nous nous racontons. Ainsi, plus nous mentons, plus nous nous excluons d'une partie du monde.

Un autre point de vue est exprimé dans un des ouvrages les plus complets sur le mensonge, *The Right to Lie* de Robert Wolk et Arthur Henley:

> Un mariage réussi est le fruit de mensonges et d'amour. Même si les partenaires ont des émotions et des comportements qui se complètent bien, ils restent deux individus

séparés dont les sentiments ne pourront jamais coïncider tout le temps. Faire de la franchise absolue une règle les obligerait à dire des vérités inutilement blessantes. Le délicat équilibre du couple pourrait être détruit. Les mensonges constructifs, intelligents et attentionnés peuvent avoir un effet mutuellement protecteur, et empêcher les partenaires de se marcher sur les pieds. Voilà pourquoi de bons mensonges font de bons mariages.

On peut lire ailleurs dans cet ouvrage: "Une famille qui ment de connivence reste unie." Il ne s'agit pas bien sûr de mensonges destructifs, mais plutôt d'ajustements quotidiens qui aident à protéger la relation de traumatismes inutiles. Les auteurs ajoutent:

> Le seul mensonge qui vaille la peine d'être dit est celui qui peut changer une situation pour le mieux. Il doit être justifié, efficace et approprié. Pour prendre la bonne décision, un menteur en puissance doit peser le pour et le contre, évaluer les risques et les profits, ce qui revient à assumer les conséquences de ses actes.

Les auteurs offrent même un test qui permet de mesurer l'objectivité du mensonge.

Je me souviens d'un jeune couple de mes amis. Les jeunes mariés étaient très amoureux l'un de l'autre. La femme était nulle en cuisine. Elle avait demandé à sa mère de lui donner une recette de ragoût, plat qu'elle servit les premières semaines de son mariage. Comme elle se donnait beaucoup de mal, son mari fit des efforts et lui dit qu'il aimait beaucoup ce plat, alors qu'en réalité il le détestait. Elle le croyait, et pour lui faire plaisir continuait à servir ce même plat. N'y tenant plus, son mari lui dit un jour qu'il détestait sa cuisine et qu'il ne voulait plus jamais revoir ce plat. Elle fut à la fois choquée et blessée. Il lui avait menti, à elle. En larmes, elle s'écria: "Je ne te croirai plus jamais." Pour un ragoût, le doute était semé!

Ce qui est grave, c'est que des faits apparemment anodins ont tendance à prendre des proportions terribles. Certaines statistiques mènent à croire qu'il faudrait adopter des alternatives au mensonge. Il ne semble pas que la vérité puisse jamais blesser. Elle peut peut-être, si on sait la manier, clarifier l'atmosphère et offrir une chance au changement.

Que faire, alors? Mentir ou ne pas mentir? Comme nous sommes faillibles, il ne faudrait peut-être pas prendre la question trop au sérieux. Mais il ne faut pas l'ignorer non plus, car le mensonge est responsable d'une grande majorité d'échecs chez les couples. On peut toujours opter pour le mensonge, mais on peut aussi considérer certaines alternatives. Il faut pour ce faire oublier les lieux communs qui disent que la vérité blesse, et que certains mensonges sont bons. Une telle attitude peut aussi cacher une certaine faiblesse. Même si la vérité est parfois blessante, il ne faut pas oublier que mentir à la personne que l'on aime peut faire plus que la blesser, cela peut être catastrophique.

La vérité doit se vivre dès le début de la relation. Les personnes sages qui ont envie de s'épanouir ensemble dans l'amour et la confiance mutuels, qu'il s'agisse d'amour ou d'affaires, devraient discuter du sujet et exprimer leurs attentes. La première chose consiste à dire si l'on tolérera ou non le mensonge. Certains préfèrent qu'on leur mente plutôt que de faire face à la vérité. C'est Nicholas Humphrey qui dit un jour: "Dire la vérité à des gens qui ne veulent pas l'entendre est un acte d'agressivité — une invasion de leur vie privée, une violation de leur espace. À éviter." D'autres exigent la vérité, mais veulent qu'elle leur soit présentée avec amour. Nous confondons trop souvent vérité avec "dure réalité". La vérité peut se dire doucement. "Je n'aime pas ce vêtement autant que ton bleu. Mais tu sais, ce n'est que *mon* avis, et je ne suis pas Yves St-Laurent." Voilà qui est plus facile à accepter que des phrases du genre: "C'est affreux! je déteste ça!" Ainsi, même si nous exigeons la vérité, nous pouvons la dire et la faire passer avec des phrases comme: "Souviens-toi, nous avons décidé de ne jamais nous mentir; alors voilà comment *je vois* les choses *en ce moment*."

Il faut s'attendre à devoir faire face toute notre vie au dilemme du mensonge et de la vérité. Nous ne pouvons pas exiger la

71

vérité des autres si nous ne la pratiquons pas pour nous-mêmes. Il nous faut donc accepter le fait que nous mentirons parfois. Nous devrons apprendre à accepter ces erreurs, et nous en servir comme d'autant d'expériences qui nous renforceront. Pour ma part, l'honnêteté doit être le seul but d'une relation durable et épanouissante.

Chapitre IV

S'aimer
dans le pardon

Étant donné l'imperfection de nos intentions, de nos tentations et de nos réalisations, étant donné l'aspect fini et faillible de ce que nous appelons notre humanité, la seule chose qui puisse nous sauver, c'est le pardon.

David Augsburger

Pierre vint vers Jésus et demanda: "Seigneur, combien de fois devrai-je pardonner mon frère lorsqu'il pèche contre moi? Sept fois?" Et Jésus répondit: "Je te le dis, pas sept fois, mais soixante-dix fois sept fois."

Matthieu, 18, 21-22

Pardonner. Ce mot dégage une merveilleuse aura, emplie de chaleur et de force. Il suggère un relâchement, une détente qui ont le pouvoir d'adoucir, de guérir, de réunir et de recréer.

Le mari d'une de mes amies a été tué dans un accident de voiture. L'"assassin" est un homme d'affaires dans la cinquantaine, marié et père de trois enfants. Il revenait d'un dîner d'affaires, et conduisait en état d'ébriété. Accusé d'homicide, il fut condamné à la peine maximum. "Pardonner à cet homme? me dit mon amie d'un ton incrédule, je préférerais le voir en enfer d'abord. Il a tué *mon* mari et le père de *mes* trois enfants! Il devrait rester en prison jusqu'à la fin de sa vie." Je me demande si elle a pensé à ce que cet homme a déjà enduré depuis l'accident.

Une femme ayant été attaquée était habitée des mêmes sentiments. "Il hante encore ma vie " dit-elle en soupirant, les yeux remplis de larmes de colère. "Cet homme m'a fait du mal. Il m'a effrayée et je ne peux pas l'oublier. Je le déteste! Et le fait qu'il soit en prison ne m'a rien donné. Quel bénéfice est-ce que j'en retire? Il mérite de mourir! J'arriverai peut-être à surmonter ma peur, un jour. Mais jamais je ne lui pardonnerai!"

Un de mes étudiants me confia un jour: "Je ne peux pas pardonner à mes parents de m'avoir imposé leurs idées névrotiques. C'est de leur faute si j'ai peur de vivre. Maintenant qu'ils sont vieux, ils recherchent mon amour. Ils ne comprennent pas pourquoi je les évite. À eux de souffrir maintenant!"

75

"Depuis notre divorce, mon ex-femme fait tout pour m'empêcher de voir mon fils. Je reconnais mes torts. Je l'ai blessée. Mais elle prend sa revanche d'une façon terrible. Je lui ai dit que j'étais désolé, et je le pense. Que puis-je faire d'autre? Je ne peux pas effacer ce que j'ai fait. Mais je ne suis pas moins humain que lorsqu'elle m'aimait et m'a épousé. C'est une personne qui ne peut pas pardonner."

Une victime de l'Holocauste déclarait que pardonner à ses tortionnaires et aux assassins de sa famille et de ses amis reviendrait à excuser leurs actes. "Tant que je vivrai, je les haïrai; je prierai pour qu'ils soient appréhendés et châtiés; la justice est encore vivante en moi. Ni l'emprisonnement, ni la mort n'effaceront jamais ce qu'ils ont fait, mais au moins, cela montrera qu'il reste un peu de justice dans ce monde."

Ces situations sont toutes réelles et douloureuses. Être victime de violence physique ou psychologique laisse de profondes blessures. Il semble normal et humain de demander justice et de désirer avoir sa revanche.

Pardonner aux autres, aussi difficile que cela puisse être, n'est en fait qu'une partie du problème. Il est souvent aussi difficile de se pardonner soi-même le mal qu'on a fait. L'excellent roman de William Styron, *Le Choix de Sophie* en est un exemple vivant. Sophie, victime du sadisme et de la folie des nazis est obligée de faire un choix. Elle doit décider lequel de ses deux enfants devra mourir, lequel restera en vie. On lui demande de se décider tout de suite, car si elle ne le fait pas, ses deux enfants seront tués. Elle fait le choix horrible. Bien que sa vie continue, elle est envahie par des sentiments de culpabilité. Son expiation ne vient que lorsqu'elle s'engage dans une relation autodestructrice avec un malade mental qui finit par la libérer en la tuant.

Un homme d'Église me parlait d'un homme qui l'appelait presque chaque semaine parce qu'il se sentait terriblement coupable. Il déplorait le fait de n'avoir jamais offert à son épouse le voyage à Honolulu dont elle rêvait si souvent. Il s'accusait, des années après la mort de sa femme, de l'avoir blessée et de ne pas lui avoir donné le bonheur qu'elle méritait.

Par contre, j'ai entendu l'histoire d'une femme en Floride qui avait été violée, mutilée et qui avait reçu un coup de pistolet dans la tête. Par miracle, elle survécut à ces atrocités. Elle resta aveugle. Elle passa à la télévision, et l'animateur parla de l'amertume qu'elle devait ressentir, et des blessures qu'elle devrait panser jusqu'à la fin de ses jours. La femme répondit, à la surprise générale, que cet homme lui avait enlevé une nuit de sa vie, et qu'elle refusait de lui en donner une de plus.

Le *New York Times* publia un article qui fit parler de lui. On y parlait d'un homme et d'une femme qui étaient allés voir l'homme qui avait violé et assassiné leur fille de 22 ans pour l'embrasser et lui accorder leur pardon. L'histoire de Bob et Goldie Bristol a donné naissance au livre intitulé *When It's Hard to Forgive*. Ils racontent l'horreur et la souffrance qu'ils ressentirent lorsqu'ils apprirent le meurtre de leur fille, ainsi que la décision qu'ils prirent de pardonner. Fortifiés par un profond esprit religieux, ils décidèrent d'aller embrasser leur ennemi dans sa prison. Après de nombreuses tentatives pour joindre Tom (le nom fictif qu'ils donnèrent à l'assassin de leur fille), ce dernier accepta enfin de les voir. Madame Bristol décrit cette rencontre avec des mots touchants de simplicité.

> La porte s'ouvrit. Tom entra dans la pièce. Il faisait dans les 1 m 80, avait les cheveux bruns, était musclé, habillé proprement et rasé... L'amour de Dieu m'envahit. Tom s'arrêta, les yeux pleins de larmes. Mon mari et moi, chacun à notre tour, prîmes Tom dans nos bras, et nous pleurâmes ensemble.

Elle admet franchement qu'ils n'ont jamais compris le "pourquoi" de l'affaire. Ils se permirent seulement de vivre son humanité, l'aspect de Tom avec lequel ils pouvaient s'identifier, celui qu'ils pouvaient comprendre et accepter.

Après cette rencontre, ils se sentirent libérés, purgés de leur colère et de leur ressentiment. Même leur douleur disparut. Pour des raisons inexpliquées, Tom refusa de les revoir et d'accepter leur pardon. Il coupa le contact.

77

Après cela, Madame Bristol fut souvent invitée à parler en public. Les gens étaient intrigués par son expérience et par la dynamique de son pardon. Elle fut surprise de constater à quel point les gens du public étaient hostiles envers elle. Elle fut souvent attaquée, on l'accusa de n'avoir pas de coeur et de trahir la mémoire de sa fille. On lui reprocha de ne pas aimer et d'avoir une attitude naïve et néfaste envers les maux de la société.

On sait que chaque religion renferme de profonds engagements envers la compassion et le pardon. Il est peut-être facile aux dieux de pardonner, mais pour les hommes, c'est une tâche très difficile.

Demander le pardon et l'accorder procèdent de la compassion, de l'humanisme et de la sagesse. Sans pardon, il ne peut y avoir d'amour durable: ni changement, ni croissance, ni réelle liberté. Dans son livre *Love is Letting Go of Fear*, le Dr Gerald Jampolsky écrit:

> La haine, l'amertume et l'esprit de revanche sont des sentiments tout-puissants, écrasants, et épuisants tant intellectuellement qu'émotivement.

Ceux que les relations durables intéressent doivent donc bien comprendre la dynamique du pardon. Fragiles et vulnérables comme nous le sommes, nous en aurons sans doute grand besoin.

Le pardon est un acte de volonté. C'est un choix. On pardonne, ou on ne pardonne pas. Rappelons-nous que pardonner et être pardonné procèdent de la même dynamique. Si nous demandons le pardon, nous devons être prêts à l'accorder aussi.

C'est en aimant que nous sommes le plus vulnérables. Nous ne sommes jamais en sécurité. Nous nous ouvrons à la déception et aux coups. Les individus s'engagent dans une relation avec leur vie et leurs expériences personnelles. Ils le font en espérant créer de nouveaux univers en partageant leur vie. Ce n'est pas une tâche facile, car nous évoluons à l'ombre de nos craintes, de nos attentes et de nos habitudes du passé. Étant donné que nous sommes tous imparfaits et uniques, les conflits arrivent.

Lorsque nous avons le sentiment que quelqu'un nous a fait du mal, nous blâmons immédiatement l'autre. Nous nous voyons comme des victimes. On nous a fait quelque chose, à nous, les "innocents". Nous avons des droits, et nous les faisons valoir. Nous croyons à la loi du talion. Ceux qui nous ont blessés doivent connaître notre vengeance sur le champ, et l'endurer si possible toute leur vie. Nous sommes certains que c'est la seule façon de redresser les torts et de faire disparaître la souffrance. Après tout, pensons-nous, c'est de la faute de l'autre... (Nous en sommes invariablement convaincus.) Pourquoi alors devrions-nous souffrir? Nous réclamons vengeance et nous nous réjouissons d'avance. La vengeance est-elle si douce? Combien d'entre nous ont subi mille tourments pour que justice soit faite, et pour s'apercevoir que cela ne changeait rien à notre solitude et à notre manque d'amour. Quelle satisfaction y a-t-il à faire souffrir l'autre si notre douleur persiste? À quoi bon exiger un oeil pour un oeil, cela ne nous rend pas l'oeil que nous avons perdu.

Lorsque ceux que nous aimons nous font souffrir nous réagissons comme si les joies et les investissements tant intellectuels qu'affectifs n'avaient jamais existé. Une phrase coupante, un acte inconsidéré, une critique blessante et nous sommes capables de détruire la relation la plus chère à notre coeur. Nous oublions tout ce que cette relation a de bon et commençons à élaborer des scénarios de haine. Nous préférons réagir ainsi plutôt que relever le défi de la confrontation et d'une évaluation objective. Nous ne savons pas que, dans l'acte du pardon et de la compassion, nous sommes en mesure de découvrir de nouvelles profondeurs individuelles, et de nouvelles possibilités de rapports dans l'avenir. Nous sommes trop fiers. Au lieu de pardonner nous posons des actes où nous sommes perdants d'avance, nous croyons qu'en partant nous blesserons l'autre, et que nous, nous guérirons; nous espérons naïvement que nous nous sentirons mieux si nous infligeons à l'autre la souffrance, la honte, le blâme et la condamnation. C'est que nous ne réalisons pas qu'en refusant notre pardon, c'est nous qui devons porter le poids de la haine, de la souffrance et de la vengeance, et qu'en cela nous souffrons davantage que celui qui nous a blessé.

Il est évident que pardonner n'est pas facile. Notre esprit rationnel ne parvient pas à s'imposer immédiatement après qu'on nous a fait du tort. Plutôt que de se faufiler à travers la trame serrée des sentiments qui nous envahissent alors, nous préférons trouver des issues de secours, pour ne pas souffrir. Plutôt que de faire face, nous accusons, condamnons, excluons. Mais il n'y a pas de pardon possible dans un climat d'accusation, de condamnation, de colère et de reproche.

Nous ne pardonnerons que lorsque nous verrons l'autre comme nous-mêmes, ni meilleur ni pire. Rappelons-nous que nous vivons parmi les gens, avec eux, avec ceux qui sont blessés et ceux qui blessent, et qu'en fait, la situation pourrait souvent être inversée. Il nous est difficile de l'imaginer, mais nous aurions pu nous trouver dans les jeunesses hitlériennes, ou parmi les malades qui ne savent pas différencier le bien du mal. Nous avons bien du mal à l'accepter, mais "ça aurait pu être nous." Nous avons tendance à diviser le monde en deux camps: les bons et les méchants, et à nous situer dans le premier. Ce n'est pourtant qu'en nous identifiant au second que nous commencerons à comprendre et à pardonner.

Les gens se mettent en colère quand on leur dit que selon les circonstances, ils pourraient faire du mal à leurs frères humains. Et pourtant, c'est ce qu'ils font en toute innocence. Ils violent les lois antipollution, refusent d'accepter la responsabilité des écoles maternelles, de la faim dans le monde, de la solitude de leurs voisins, des mauvais traitements que subissent les enfants et les personnes âgées. Ils sont tous prêts à condamner les hommes politiques, les militants, les communistes ou n'importe qui d'autre plutôt que d'accepter que leurs actes sont souvent inconsidérés. Ils sont trop axés sur leur ego pour évaluer leurs attitudes négatives et discriminatoires. Si nous y regardons de près, nous nous apercevons que nous commettons, volontairement ou non, des actes préjudiciables et ce quasi quotidiennement. Cela ne veut pas dire que nous soyons mauvais pour autant, ni que nous perdions notre valeur en tant qu'êtres aimants. Un acte ne peut dévaloriser un individu.

Il y a des gens bons qui considèrent que leurs idées politiques, sociales ou religieuses sont les bonnes, et que cela leur donne le droit de mener des guerres qui tuent des milliers d'innocents. Ils rationnalisent la question en disant que ces gens sont des ennemis qui mettent en péril leur sécurité et leurs croyances. Le massacre de My Lai en est un exemple. Il serait simpliste de condamner tous ceux qui ont été mêlés à cette tragédie. Il est par contre plus complexe d'essayer d'évaluer quelles furent les circonstances qui firent que des gens honnêtes et bons se conduisirent comme des brutes. Nous ne pourrons comprendre et pardonner que lorsque nous verrons ces individus avec compassion — c'est-à-dire comme des êtres sensibles et vulnérables comme nous-mêmes, capables de faiblesse, d'idéalisme, de peur, de panique, de lâcheté. La première chose à faire pour briser les défenses des gens inflexibles est de s'identifier intellectuellement et émotivement avec ceux qui nous font du tort.

Ce genre de compassion est monnaie courante dans une relation d'amour bien portante. Les parents ne font pas trop attention à la négligence de leurs enfants. Les enfants passent sur la possessivité de leurs parents. Les amants jettent un regard furtif sur les défauts et la fragilité de leur partenaire. Nous agissons ainsi parce que nous aimons ces personnes, et parce que nous savons que nous ne sommes pas parfaits non plus. De plus, nous considérons que nos relations à long terme sont trop importantes et trop précieuses pour être sabordées au moindre conflit. Nous continuons à aimer ceux qui nous blessent de temps en temps, parce que nous connaissons leur valeur. Nous les voyons tels qu'ils sont: capables du meilleur comme du pire, et ouverts aux possibilités qu'offre le changement. Ainsi, notre amour est compréhensif et permet l'épanouissement.

L'amour est la seule grande force du pardon. Avec l'amour, nous sommes capables de voir celui qui nous a fait du tort comme une personne ayant ses qualités. Avec l'amour, nous arrivons à replacer défauts et qualités. Nous voulons être objectifs. Nous tâchons d'effacer les frontières entre attaquant et attaqué, même lorsque nous ne comprenons rien au comportement d'hostilité. Ainsi, nous sommes plus proches, nous renouvelons notre foi, nous comprenons mieux le présent, nous le rendons plus fort, et nous retrouvons notre confiance. "Le pardon, dit le Dr Jampolsky, devient alors le moyen de corriger nos a priori; il permet de ne voir que l'amour chez les autres et en nous-mêmes.'' C'est là la deuxième étape sur le chemin de la compassion et du pardon.

Cela peut paraître plus simple que ça ne l'est. Cependant, cela vaut la peine d'examiner diverses alternatives.

Il est intéressant de se demander pourquoi nous choisissons de nous accrocher à une revanche qui ne nous donne rien, mais qui se nourrit de notre créativité et nous empêche d'aimer. Le mal est fait. On ne peut rien y changer. Nous n'avons que le présent, et le futur devant nous.

Une de mes étudiantes, qui avait été cruellement abandonnée par son amant me dit un jour: "Je ne peux pas me raconter des histoires. Je sais que je l'aime encore, sinon, je me moquerais de ce qu'il m'a fait. Et si je l'aime encore, je ne comprends pas le terrible besoin que j'ai de lui faire du mal, de le faire souffrir. Ce sont des sentiments fous, conflictuels. Je suis capable d'être très rationnelle, mais mon coeur ne l'est pas. J'ai mal! Je sais que je dois lui pardonner, oublier et continuer à vivre. Il est parti, et il s'amuse comme un fou. C'est moi qui souffre, alors c'est à moi à faire quelque chose!"

Elle reconnaissait qu'elle souffrait. Elle savait qu'elle devait se montrer responsable et assumer son avenir. Pour continuer à vivre, elle devait pardonner à l'homme qu'elle aimait, dans son propre intérêt, même s'il lui avait fait du mal. Elle savait aussi qu'il ne lui *appartenait* pas. Elle avait assez d'estime pour elle-même pour savoir qu'elle ne voulait pas de lui s'il ne voulait pas être avec elle. Elle savait que l'aimer signifiait vouloir son bonheur. Et si être heureux signifiait pour lui vivre sans elle, elle ne pouvait que se retirer. Cela ne l'empêchait pas de reconnaître sa déception, sa colère et un profond sentiment de rejet et de perte. En fait, elle souffrait tellement qu'elle fut incapable d'étudier pendant plusieurs semaines, et qu'elle songea même à abandonner ses cours. Elle essaya d'engager d'autres relations, et elle échoua. Elle admit enfin qu'elle seule pouvait se sortir de ce mauvais pas.

La souffrance affective et psychologique est certainement aussi difficile à supporter que la douleur physique. Nous la connaîtrons tous un jour. Si on ne peut l'éviter, on peut du moins y faire face. Et le pardon est souvent la seule issue. Comme l'écrivait David Augsburger:

> Le pardon, c'est laisser passer ce qui appartient au passé; laisser venir ce qui sera; et laisser vivre le présent.

C'est se libérer du passé et aborder l'avenir avec plus de sagesse, et avec une foi et un espoir renouvelés. On dit souvent que le pardon est un don inconditionnel d'amour. Cela veut dire, non pas: "Je te pardonnerai *si...* et *quand...*", mais: "Je te pardonnerai parce que je le dois, si je veux espérer continuer à vivre pleinement."

Il est intéressant de noter qu'une fois que mon étudiante oublia sa peine, son ami lui revint, contrit et repentant. Elle ne ressentait alors ni colère, ni mépris, ni haine. Elle l'acceptait, prête à continuer la relation à un niveau plus sage et plus sensible. Elle ressentait une sorte de perte, mais un gain aussi, beaucoup plus précieux. Elle apprit qu'elle n'avait pas été la seule à souffrir. Il avait souffert aussi. Ils étaient prêts à reconstruire sur de nouvelles bases s'inspirant, non pas des erreurs du passé, mais de leurs futures possibilités.

Le pardon n'est pas toujours aussi sage et aussi raisonnable. On l'offre trop souvent comme un présent, ce qui implique que le "donneur" domine le "receveur". On ne peut parler alors de vrai pardon, mais plutôt d'un marchandage qui entraîne avec lui perte de dignité, culpabilité et humiliation sans fin. C'est une forme de chantage affectif entre le *généreux bienfaiteur* et le *pauvre pécheur*.

Ce non-pardon est ici encore merveilleusement décrit par David Augsburger. C'est ce qu'il appelle "pardon-supériorité":

> Je t'ai examiné, pesé, jugé ainsi que ton comportement et j'ai trouvé que tu manquais cruellement des qualités qui sont dignes de mon respect. J'ai ces qualités, pas toi. Je reconnais humblement ma force morale et ta faiblesse, ma moralité et ton immoralité. Je te pardonne tes péchés. Notre relation sera désormais basée sur la reconnaissance de ma bienveillance

quand tu en auras besoin, de ma générosité face à ta faute. Tu trouveras le moyen convenable de me témoigner ta gratitude à partir de ce jour.

Ce n'est pas du pardon! C'est de la manipulation. Le vrai pardon est plus facile quand nous apprenons à compatir et à nous excuser; quand nous admettons que nous sommes humains, nous aussi, donc faillibles; quand nous tenons compte de circonstances que nous ne comprenons pas toujours; quand nous avons foi dans la bonté intrinsèque de la personne, et que nous décidons de repartir à neuf avec compassion et sans rancune. Le mot hébreu pour compassion vient de *rechem* qui signifie le *giron*. Il y a donc connotation de nouvelle naissance, évoquant un nouveau départ. Ce nouveau départ apporte avec lui une compréhension plus profonde de la futilité de la rancune, des attentes, de la haine et de la colère non résolues, ainsi que de nouveaux espoirs dans la puissance de l'amour.

Il existe un aspect encore plus exigeant dans le pardon. C'est l'oubli qui "dépasse" le pardon. En effet tant que nous gardons le souvenir de nos blessures, tant que nous vivons dans l'ombre du ressentiment, nous ne connaissons pas le pardon véritable. J'ai entendu dire un jour que le pardon sans l'oubli c'était comme "enterrer la hache de guerre en laissant dépasser le manche". Ce qui revient à dire qu'on se tient prêt pour le prochain combat.

Nous avons peur d'oublier, car nous pensons qu'il faut alors faire table rase des fautes commises, excuser le mal qu'on nous a fait, et accepter d'être responsables des actes de l'autre. Nous sommes irrités en pensant que nous pardonnerons et que l'autre ne se repentira pas, qu'il ne sera pas puni pour ce qu'il a fait. Mais oublier n'implique pas que nous excusions tout cela. Oublier, c'est considérer que la faute est passée et qu'on y renonce pour pouvoir recommencer à vivre.

Trop souvent, quand on se remémore le passé, en pensant mieux faire face au présent et à l'avenir, on s'aperçoit que c'est une perte de temps. On ressasse les moments pénibles, et on ne résout rien. Il faut donc oublier le passé pour nous libérer de son pouvoir à ranimer la douleur et la haine. Il est bien connu que l'amour ne comptabilise pas les torts. Ce dont nous avons besoin, c'est d'en tirer des enseignements qui nous permettront d'aborder le futur avec sagesse.

N'oublions pas qu'il est normal d'avoir de la difficulté à pardonner. Nous sommes humains, donc vulnérables et imparfaits. Nous avons du mal à accepter qu'on nous blesse, surtout quand nous ne l'avons pas mérité et que l'autre a un comportement incompréhensible. Pourquoi devrions-nous oublier et pardonner? Nous pardonnons pour ne pas payer le prix de la rancune, de la haine et de la revanche. Ces sentiments n'ont jamais aidé à guérir. Ce sont des freins pour l'avenir. Ils nous dépossèdent de nos énergies positives, nous rendent soupçonneux et hésitants, détruisent notre créativité et retardent notre épanouissement.

Il n'existe pas de moment plus gratifiant que celui où l'on peut vraiment pardonner et être pardonné. Nous nous sentons alors libérés, libres de progresser pleinement. L'illusion de la perfection est balayée, nous acceptons que nous sommes vulnérables et imparfaits.

Nos plus éminents philosophes ainsi que les grands chefs religieux ont été les personnes qui ont le plus pardonné. Le pardon et la compassion de Bouddha ont aidé des millions de personnes sur le chemin de l'acceptation. Jésus était le modèle du pardon. Il a pardonné aux prostituées, aux pécheurs, à ceux qui l'ont trahi parmi ses disciples et enfin à ceux qui le condamnèrent à mort. Ils ont pardonné contre toute logique, contre toute psychologie, contre ce que l'on appelle communément "la nature humaine". Le vrai pardon est un acte qui compte parmi les plus grands. Comme le disait un de mes maîtres bouddhistes: "Laissez-vous aller. Pourquoi vous accrochez-vous à la douleur? Vous ne pouvez rien changer au mal qui a été fait hier. Il ne vous appartient pas de juger. Pourquoi vous raccrocher à ce qui vous empêche d'aimer et d'espérer?"

On retrouve le "Tu ne jugeras point" dans presque tous les livres saints. Essayez de comprendre l'autre et d'avoir de la compassion pour lui, et le pardon sera aisé. Car c'est la personne qui pardonne qui est libérée. Laissez au Ciel le jugement et la revanche.

"Pardonnez-nous nos offenses comme nous pardonnons à ceux qui nous ont offensés."

Chapitre V

S'aimer
dans la joie

La seule chose qui vaille la peine d'être possédée sur cette terre, c'est le sens de l'humour.

Lincoln Steffens

Le bonheur est la plus haute réalisation de l'homme; être heureux, c'est réagir dans la totalité de son être à une orientation féconde, non seulement face à soi-même mais aussi face au monde extérieur.

Eric Fromm

Aucun homme n'est heureux à moins qu'il ne croie l'être.

Publibius Syrus, 50 avant J.C.

Il me semble qu'une relation profonde serait impossible sans la joie, le rire et le sens de l'humour. C'est peut-être pour cela qu'on dit des saints qu'ils sont des "clowns transcendentaux". Dans son livre: *Zen and the Comic Spirit*, Conrad Hyers écrit: "Les démons du désir et de l'attachement, de l'ego et de l'ignorance peuvent être exorcisés par le rire, et nous indiquer une sorte de rire cosmique qui se trouverait de l'autre côté de cet exorcisme."

Vous avez dû comme moi être souvent rappelé à l'ordre; on vous a dit que la vie ne devait pas être prise à la légère, et que ce n'était pas une mince affaire. Ce n'est pas faux. C'est pour ma part une raison de plus de vivre avec humour. C'est ma capacité à voir le côté drôle des choses qui m'a sauvé bien des fois, et tout particulièrement le fait de rire de moi-même et de mes défauts. Je sais qu'il faut du courage, et même une certaine folie pour sourire et rire dans un monde qui depuis la nuit des temps perpétue le meurtre, le vil, l'abandon et les coups. On n'a pas encore trouvé de raison à tout cela. Le fait de renoncer à la raison et d'accepter notre humanité comme étant la blague suprême nous offrira peut-être une autre alternative.

Mère Thérésa, qui oeuvre à Calcutta auprès des plus démunis de la terre demande que les salles de son hôpital soient remplies de rires. Pour elle, le rire est la force la plus puissante dans la poursuite de la santé, de la productivité, de la force et de la spiritualité. Saint François d'Assise errait dans les rues comme un clown, en riant du désespoir. Sainte Thérèse d'Avila recherchait des novices qui riaient, mangeaient et dormaient. Elle était certaine que si elles mangeaient de bon coeur, elles étaient en bonne santé, que si elles dormaient bien, elles ne devaient pas avoir de graves péchés sur la conscience, et que si elles riaient, elles avaient la disposition voulue pour survivre aux difficultés de la vie.

La représentation de Bouddha gras et en bonne santé, est le symbole de la joie essentielle du bouddhisme. Chez les bouddhistes zen, le rire et la joie sont le coeur même de leur enseignement. Dans chaque secte religieuse, il existe un certain degré d'humour.

À travers les âges, les philosophes ont insisté sur la nécessité d'être joyeux pour survivre. En 451 avant Jésus Christ, Sophocle rappelait à ses disciples que "l'homme que les joies de la vie ont quitté ne vit plus, et devait être compté parmi les morts".

Le philosophe George Santayana a dit: "Le bonheur est la seule mesure de la vie. Si le bonheur fait défaut, l'existence devient insensée et lamentable." "Aucun devoir n'est aussi négligé que celui d'être heureux" disait Robert Louis Stevenson. La constitution des États-Unis nous garantit même "la poursuite du bonheur" comme une partie de nos droits constitutionnels.

Et pourtant à notre époque, on exprime pitoyablement la joie. On dirait qu'il y a quelque chose de mal à être heureux. On pense souvent que les gens heureux sont suspects. On les trouve fous, frivoles ou tout à fait déraisonnables.

La plupart d'entre nous nous sentons coupables lorsque nous sommes heureux! Nous sommes convaincus que nous serons ou punis ou damnés. D. Raymond Moody dans son excellent ouvrage *Laugh After Laugh* écrit:

> Il est important de reconnaître que certaines personnes ont vraiment peur de la joie, du plaisir et d'autres états émotifs considérés comme positifs. Chez la plupart de ces individus, le fait d'être joyeux provoque des sentiments de culpabilité, de honte et de manque de dignité.

Étrange réaction.

Les savants évitent presque complètement les sujets comme la joie, le rire, l'humour, le bonheur et les rapports existant entre ceux-ci et le bien-être. Lin Yutang écrit: "J'ai toujours été impressionné par le fait que le sujet le plus systématiquement évité dans la philosophie occidentale est celui du Bonheur."

Il est rare d'entendre les rires fuser. Le cas échéant, nous pensons qu'il s'agit de vauriens ou de gens saoûls. Nous payons très cher les comiques professionnels pour nous faire rire. Nous croulons de rire lorsqu'ils imitent nos comportements "sains", révélant ainsi nos folies. Nous adorons les clowns. Dans leurs étranges costumes, ils se livrent à des bouffonneries d'une divine folie qui nous aide à voir la vérité toute simple de l'humanité. Pour un moment, leurs comportements nous libèrent de la camisole de force des convenances, de la routine et de la planification. Ils touchent nos désirs profonds de nous défaire de nos inhibitions et de retrouver notre spontanéité et notre folie premières. On peut dire que nous sommes tous des clowns — plus ou moins craintifs et inhibés — des clowns en puissance.

Les comiques voient la vie sous un microscope et peuvent ainsi nous montrer clairement ce que nous savons déjà inconsciemment, à savoir que la vie est une merveilleuse blague et que nous, dans notre sérieux étudié, nous en sommes souvent les vedettes!

Il y a quelque temps, des amis m'ont demandé d'organiser "un vrai mariage italien". Comme dans d'autres cultures, le mariage est pour les Italiens presque aussi célébré que la naissance. Ma tâche prenait des proportions monumentales, nous amenait à des discussions bruyantes et à des culs de sac. Le coup de grâce fut donné lorsqu'on nous apprit que la mère de la mariée était végétarienne! Qu'allions-nous faire alors des *mostaccioli* et de la sauce à la viande? Heureusement la grand-mère vint tout arranger. Riant tout le temps, elle nous fit remarquer à quel point nous étions stupides. "Il n'y a pas de quoi s'inquiéter pour la végétarienne. Je lui fourrerai une aubergine!" Tout le monde éclata de rire. Les arrangements allèrent bon train, et le philosophe italien Giacomo Leopardi prouva qu'il avait encore une fois vu juste lorsqu'il déclarait: "Celui qui a le courage de rire est presque autant le maître du monde que celui qui est prêt à mourir." Nous sommes drôles! Nous n'avons qu'à regarder autour de nous pour nous en convaincre. Ce mariage, sensé être le symbole de l'union, de l'amour et de la joie, avait failli rater parce que quelqu'un ne mangeait pas de viande!

91

Il suffit d'observer les gens dans les aéroports, dans la foule, dans les fêtes, dans les rues pour éclater de rire. Un homme apprend que son vol est annulé à cause de graves problèmes mécaniques. Il dit que l'avion *doit* absolument décoller, sinon il manquera son contact à Chicago! Une fille ravissante reste sur sa chaise, refusant de faire un geste pour se joindre aux invités; puis elle s'en va en s'exclamant que la fête est sinistre et les gens pas drôles. Quelqu'un se rue au guichet d'un cinéma et doit attendre une heure avant que le film commence. Un conducteur va à une vitesse folle pour vous doubler et doit s'arrêter au stop tandis que vous vous retrouvez à ses côtés, le sourire aux lèvres. Les exemples ne manquent pas. Les êtres humains sont des créatures comiques, et la vie nous fournit de multiples occasions de rire. À nous de réapprendre à le faire.

Je me rappelle le film de Jacques Tati, *Les Vacances de Monsieur Hulot*. Le film commençait dans une gare. La foule attendait le train sur le quai n° 1. Tout à coup, on entend un communiqué absolument incompréhensible du haut-parleur, et les gens se ruent sur le quai n° 2. Puis on entend un autre gargouillis, et la foule se pousse sur le quai n° 3, tandis que le train entre en gare au quai n° 1. J'étais mort de rire, car cette séquence me remémorait toutes les fois où j'ai monté et descendu les escaliers pour changer de quais! C'est sans doute en pensant à des situations semblables que George Santayana a dit: "Le rire tel que je suis arrivé à le voir à mon âge avancé est le versant jeune et innocent du repentir, des désillusions et de l'incompréhension." Victor Borge disait: "Le rire est la distance la moins grande entre deux personnes." Il n'y a pas de moyen plus sûr de se sentir proche de quelqu'un que de rire avec. George Bernard Shaw considérait que "par le rire on peut détruire le mal sans malice et prôner la bonne camaraderie sans faire preuve de sensiblerie". Nous connaissons tous le pouvoir du rire qui peut changer des moments de tension et d'angoisse en moments joyeux, chaleureux et productifs.

Le mot "bonheur" porte le mot "heur" qui veut dire "arriver". C'est toujours une partie de ce qui va et vient dans la vie. Seuls les sots croient que le bonheur arrive continuellement ou définitivement. Le bonheur provient toujours d'un sentiment ou d'un acte. Pourtant, bien des gens passent leur vie à *rechercher* frénétiquement *le bonheur* et à poursuivre la *joie*. Nous nous plaignons d'avoir des relations ennuyeuses. Nous agissons comme si ces choses devaient se trouver *quelque part*, *ailleurs*. Nous acceptons rarement l'idée que le bonheur est *en nous*. Kierkegaard reconnaissait: "Un homme qui, en tant qu'être physique, est toujours tourné vers l'extérieur, pensant que son bonheur se trouve en dehors de lui, finit par regarder en lui et découvre que la source s'y trouve." C'est là une des grandes perspectives de la vie.

On ne cherche pas la joie comme on cherche un vêtement égaré. Nous sommes les artisans de notre bonheur. C'est nous qui le définissons et le vivons, à notre manière. Nul ne peut être heureux pour nous, ni nous dire ce qui devrait nous rendre heureux — mais certaines personnes essaient toujours. La triste réalité, c'est que nous tombons dans le panneau de la publicité: pour être heureux, buvons la bonne boisson, conduisons la belle voiture, appliquons le bon déodorant, mangeons les céréales supernourrissantes, ou la friandise qu'il faut. Les plus fûtés se laissent prendre aux publicités télévisées ou aux affiches qui nous disent que nous serons heureux si nous changeons de rince-bouche. Nous ne réalisons pas que rien au monde ne peut nous être donné ou refusé qui ait le pouvoir de nous rendre heureux, à moins que nous ne l'ayons décidé. Les gens les plus heureux seraient sans doute encore heureux même après avoir tout perdu.

Lors de mes voyages en Asie, je me rappelle que les gens qui semblaient en fait mourir de faim vivaient dans la joie. Leur vie était remplie de rires, de chants, de danses et de fêtes. Je ne fais pas référence au mythe du "paysan heureux". Ceux qui le désirent devraient pouvoir s'élever au-dessus de la condition sociale qu'ils connaissaient à leur naissance et atteindre ce qu'ils considèrent être une amélioration, ou le bonheur. Je veux simplement dire que rien d'autre que *la vie elle-même* n'est nécessaire aux hommes pour connaître la joie et le bonheur.

J'en ai fait constamment l'expérience en travaillant auprès de personnes handicapées. J'ai vu des paralysés sourire et rire, alors que ceux qui travaillaient à leurs côtés étaient insatisfaits et déprimés. Il est bizarre que les gens les plus heureux que je connaisse soient ceux qui avaient apparemment peu de raison de se réjouir. Ces personnes étaient heureuses, tout simplement. J'ai trouvé qu'elles avaient un gand courage, qu'elles étaient prêtes à prendre des risques, à échouer, à lâcher prise, qu'elles croyaient en elles, qu'elles étaient pleines de ressources, qu'elles avaient confiance en leur créativité et croyaient en leurs rêves.

On perd peut-être beaucoup de bonheur en le poursuivant. Dans ses *American Notebooks*, Hawthorne dit que le bonheur arrive toujours incidemment. "Recherchez-le, et il ne se laissera jamais attraper." Il suggère que nous suivions plutôt quelque chose qui n'ait apparemment aucun rapport avec le bonheur. De cette façon, nous tombons souvent sur le bonheur, à notre plus grand émerveillement.

Nous sommes beaucoup trop rationnels, ordonnés, organisés et prévisibles dans nos relations. Nous devrions faire un tour du côté de la folie et de l'irrationnel, nous pourrions de temps en temps quitter la mondanité et plonger dans la spontanéité, atteindre ainsi un plus grand sens de la liberté et du risque — connaître un environnement dynamique, plein de surprises qui stimulent notre sens du merveilleux. Ainsi, nous pourrions exprimer librement certaines idées, certains sentiments. Les liens amoureux sont faciles à faire dans la joie. Lorsque nous rions ensemble, nous contournons la raison et la logique, comme le font les clowns. Notre langage est universel. Nous nous sentons plus proches l'un de l'autre.

La joie, l'humour, le rire sont des outils merveilleux, facilement accessibles, qui rendent une relation plus confortable. Ils peuvent aider à dissiper les tensions et les inhibitions. Le Dr William Fry de l'université de Stanford rapportait récemment que le rire aide à digérer (plus besoin d'antiacides), stimule le coeur et renforce les muscles (fini le jogging), active les fonctions créatrices du cerveau et la vivacité d'esprit (finis les stimulants artificiels). Tout cela en s'amusant!

La joie et le bonheur sont simplement des états d'esprit. Ils peuvent nous aider à trouver des solutions créatives. Nous sommes plus ouverts, plus réceptifs, plus aptes à contrôler nos tensions lorsque nous nous sentons heureux ou euphoriques. Le rire provoque la sécrétion d'une hormone qui est un anti-douleur naturel. Norman Cousins a déclaré avoir guéri d'une maladie incurable en partie grâce au pouvoir du rire. Un bon fou rire fait vibrer tous les organes vitaux, comme le fait le jogging. Si nous sommes trop paresseux pour courir, pourquoi ne pas choisir le rire? Jetez vos aspirines et balayez votre désespoir d'une bonne rigolade.

On n'a cessé de me dire, pendant des années, que je prenais la vie trop à la légère, et que si je continuais je finirais sûrement dans la décrépitude. Un homme possédant un profil comme le mien devrait être un exemple — ferme, sérieux, "les pieds bien sur terre". Moi je me suis aperçu qu'en ayant les deux pieds plantés au sol, je n'arrivais plus à mettre mon pantalon!

Joseph Addison dit que "La joie vient dans nos vies lorsque nous avons quelque chose à faire, quelque chose à aimer et quelque chose à espérer."

Vivez pleinement, en vous abandonnant. Aimez totalement, et sans peur. Espérez et ne laissez jamais tomber vos rêves. La joie sera toujours nôtre quand nous le choisirons. Comme le déclarait Abraham Lincoln: "La plupart des gens sont aussi heureux qu'ils décident de l'être."

Bien des relations ont été sauvées par un bon rire!

Chapitre VI

S'aimer suffisamment pour passer l'éponge: la jalousie

Je pensais que la jalousie était une idée. C'est faux. C'est une souffrance. Mais je ne ressentais pas la même chose que dans les comédies de Broadway. Je ne voulais tuer personne. Je voulais juste mourir.

Floyd Dell

La jalousie est délicieuse lorsqu'on fait sa cour, pratiquement essentielle à la première année de mariage, mais après cela devient un supplice chinois.

Sécudes, 1957

"Je le tuerai! me dit-elle, je l'aime tellement que je préfè-
rerais le voir mort qu'avec une autre femme!" Réaction étrange,
illogique, ou au contraire très humaine? Aucun dictionnaire ne
peut donner la définition de cette masse de sentiments que l'on
appelle la jalousie. Bien peu de gens sont de force à y faire face
lorsque ces sentiments puissants et universels s'emparent de nous —
souvent sans crier gare. La jalousie peut envahir et détruire la
relation la plus solide et la plus sûre en apparence, tout comme elle
peut anéantir la personne la plus rationnelle. Un mouchoir perdu
suffit à rendre fou Othello qui assassine Desdemone, son épouse
fidèle et aimante. L'amour que Jason porte à une autre femme
suffit à ce que Médée tue leurs enfants pour se venger! En fait,
point n'est besoin de puiser dans l'histoire ou la mythologie: les
journaux sont pleins de crimes passionnels.

On peut dire que chacun de nous connaîtra à un moment de sa
vie un sentiment de jalousie, quels que soient sa situation, son
niveau intellectuel ou économique et son âge. Je me souviens avoir
éprouvé ce sentiment inconfortable, humiliant et plutôt effrayant,
lorsque j'étais très jeune. J'avais un chien adorable, Queeny. On
me l'avait offert pour mes sept ans. C'était *mon* chien. Il était très
affectueux avec moi, mais aussi avec les autres. J'étais blême
lorsque je voyais l'attention que mon chien accordait à d'autres
personnes que moi. Personne ne m'avait *montré* à être jaloux, et
pourtant, je l'étais; et cela me faisait incroyablement souffrir.
Après tout, n'étais-je pas en droit d'exiger que mon chien n'aime
que moi? Je le baignais, le nourrissais, nettoyais ses dégâts. C'était
mon chien. L'attention folâtre qu'il accordait aux autres était une
menace pour moi. Comment osait-il me faire ça! J'avais raison,
mais j'avais honte. J'étais tout-puissant, mais j'étais sans ressource.
Je pensais de façon rationnelle, mais mon comportement était irra-

tionnel. Je savais que je ne pouvais pas empêcher Queeny d'aimer les autres, et que cela ne l'empêchait pas de m'aimer moi, mais c'était plus fort que moi. J'étais partagé entre l'amour et la haine. J'étais submergé par le désir de contrôler et de posséder. Il me fallut beaucoup de temps pour me rendre compte que dans l'amour qu'il prodiguait à tous, Queeny était libre; et moi, j'étais prisonnier de mon avidité.

La jalousie est un sentiment universel, qui n'est ni malsain ni pathologique tant qu'on n'agit pas sous son emprise. Le sentiment est normal. C'est le comportement qu'il suscite qui est souvent irrationnel.

Être jaloux n'est pas nécessairement mauvais. C'est souvent un bon moyen de nous apercevoir de la valeur de la personne aimée. Cela permet aussi d'amener à la surface nos besoins névrotiques, et de nous faire changer de comportement. Freud disait: "La jalousie est un de ces états affectifs qui, comme la peine, peuvent être considérés comme normaux." En fait, ceux qui pensent n'avoir aucun sentiment jaloux en eux sont selon Freud, des gens qui se trompent eux-mêmes, ou qui répriment ces sentiments en les excluant de leur vie consciente. Ils se trouvent alors forcés de vivre les ramifications de leur jalousie à un niveau *inconscient*. Ces pulsions refoulées peuvent à tout moment se manifester et être beaucoup plus dangereuses. Freud n'a bien sûr jamais prétendu que les formes extrêmes de la jalousie — d'ordre pathologique — étaient normales. À l'instar de ceux qui se sont penchés sur ce phénomène, il a insisté sur la tournure pathologique que peut prendre la jalousie si nous refusons de traiter ce sentiment de façon rationnelle.

La jalousie peut être bonne ou mauvaise selon la façon dont nous y réagissons. La jalousie n'existe pas en soi. Elle est principalement éveillée dans les relations amoureuses actives. Bien souvent, elle est proportionnelle à notre degré d'amour. L'attraction ressentie par les deux partenaires évoque souvent la possession. Chacun a tendance à faire de la "ségrégation" pour l'autre. On parle volontiers de *son* ami(e), de *sa* femme, de *sa* famille, de *son* bébé, de *ses* associés. Plus nous sommes proches de notre partenaire, plus nous acceptons de bon coeur d'assumer la responsabilité pour chacun. Nous buvons les paroles de l'autre et observons tous ses traits de caractère. Nous rencontrons ses amis et sa famille. Nous partageons ses idées, ses craintes, ses décisions, ses façons d'agir et de réagir. Bref, nous investissons beaucoup dans la fusion avec l'être aimé. Nous passons du "je" et du "moi" au "nous". Nous consacrons du temps et de l'énergie à tout ce qui mettra en valeur notre nouvelle unité. Nous parlerons avec bonheur de "notre" chanson, de "notre" restaurant, de "notre" expérience commune, des noms intimes qui traduisent notre amour mutuel. Nous aspirons à ne former qu'un. Nous partageons tout: croyances, idées, fidélités, confiance.

C'est ainsi que nous risquons à tout moment de connaître la jalousie. "Il est en retard du bureau." "Elle a trop de nouveaux amis." "Ils m'excluent." Tout ce qui peut menacer "notre" rêve tout neuf peut provoquer la peur de perdre et un sentiment de panique à l'idée que ce que nous avons créé va nous échapper. Nous sommes seuls avec notre souffrance, seuls à nous battre. Personne ne peut réellement nous comprendre. Même si nous savons rationnellement que notre jalousie n'a aucun fondement. Dans notre confusion, nous ne pouvons rien expliquer aux autres. Seuls, amers et sans ressources, nous commençons à trouver des coupables. Car nous n'y sommes bien sûr pour rien. C'est *leur* comportement. Ce sont *eux* qui nous ont trahis, qui ont ébranlé notre relation, qui ont dévasté notre monde de rêve. C'est toujours la faute de l'autre. L'échec de notre "nous" n'est jamais le nôtre. Seuls, nous cherchons du soutien à l'aveuglette. Et nous le trouvons souvent en accusant les autres.

Dans *The Mark of Cain*, Beecher écrit:

> Ils pointent du doigt cette autre personne comme si elle était responsable de leur malaise et de leur manque de confiance. Personne ne peut jamais être détruit en ce sens par autrui. Tout individu jaloux, ou dérangé, n'est détruit que par *lui-même*.

Il y a plusieurs façons de faire face à la jalousie. Lorsque notre sécurité ou notre propriété sont menacées, nous avons tendance à devenir agressif, à nous battre pour ce que nous croyons sincèrement être à nous. Quelques personnes rationalisent. Elles se disent que l'autre est inférieur. Elles se convainquent qu'elles dominent la situation qui est beaucoup trop médiocre pour qu'elles y prêtent attention. Ce type de réactions réduit temporairement la douleur. D'autres parviennent à réprimer toutes ces sensations. L'esprit humain est étonnant. Il réussit à enterrer certains sentiments, qui deviennent, pour un temps, inexistants.

D'autres encore choisissent de se retirer. Ils échappent à la situation en se convainquant que s'ils ne savent rien, ils ne souffriront pas. Certains s'éloignent, pensant que la distance atténuera la souffrance.

Certaines personnes aiment jouer aux martyrs. Elles souffrent en silence et endurent mille morts. Elles se sentent sans ressource, mais ne tentent rien pour y remédier.

Certaines personnes jouent aux sadiques. Elles hurlent, accusent, menacent et se battent. Elles pincent les lèvres, froncent les sourcils et jurent qu'elles se vengeront. Elles cherchent des moyens de blesser l'être qu'elles ont aimé si fort. Elles sont décidées à rendre "oeil pour oeil, dent pour dent".

Même si certains de ces "tours" semblent marcher, il faut bien admettre qu'ils n'apportent qu'un soulagement temporaire à notre désespoir. On a beau noyer son chagrin dans l'alcool ou la drogue, dans de brèves rencontres ou des fêtes éperdues, on n'oublie pas, et l'on reste avec un sentiment de vide et de colère non résolu.

Étant donné que nul n'est à l'abri de la jalousie, voyons comment l'aborder de façon plus positive et plus durable. Le grand philosophe et psychanalyste Théodore Reich disait: "La jalousie est le signe que quelque chose est mauvais — et pas nécessairement pourri — dans l'organisme de l'amour." Voir la jalousie comme un avertissement de ce type est peut-être bien la première étape positive à franchir en vue d'y remédier; se battre ou essayer de nier la jalousie ne résolvant rien du tout. La seule vraie solution est de travailler à son "traitement". Les changements se font à partir d'une émotion forte. L'anthropologue Margaret Mead suggérait que la jalousie est une émotion qui est "un point purulent de chaque personnalité qui s'en trouve affectée, une attitude inefficace, négative, qui est plus susceptible de rater son but que de l'atteindre". Elle admet toutefois que la jalousie peut avoir une certaine valeur, car elle peut susciter de la passion, ou une certaine intensité pouvant générer une entreprise quelconque. Dans ses études des gens de Samoa, elle n'a pas trouvé trace de jalousie, pas plus qu'elle n'a trouvé beaucoup de sentiments forts, de compétition ou de motivation.

Nous sommes responsables de notre jalousie, nous et personne d'autre. S'en prendre aux autres pour nos sentiments ne peut mener nulle part. Le changement ne se fera que lorsque nous voudrons bien assumer que notre sentiment de jalousie n'est pas nécessairement négatif. Ce n'est qu'en réalisant cela que nous pouvons commencer à nous demander ce que nous pouvons entreprendre pour faire face à nos sentiments.

Rollo May, le célèbre analyste, écrit:

> La jalousie requiert que l'on centre son attention sur soi, et que l'on se demande pourquoi on a si peu d'estime pour soi-même. Je comprends très bien qu'il soit difficile de répondre à une telle question. Mais cela a au moins le mérite de fixer votre attention sur un terrain où il est possible de travailler.

Les gens qui s'accrochent à la jalousie se détruisent *eux-mêmes*. Ils utilisent des énergies pour des sentiments sans issue, énergies qui pourraient être canalisées vers des solutions créatives. Personne, bien sûr, ne choisit d'être jaloux. Cela arrive, c'est tout. Il est essentiel de changer les valeurs et les croyances qui ont suscité notre réaction. La jalousie génère beaucoup de sentiments, mais produit peu d'action. C'est un processus insidieux qui nous empêche de voir avec précision ce qui se passe. La jalousie ne nourrit qu'elle-même. Elle parvient à une seule chose: nous faire sentir impuissants. En tant que telle, la jalousie est le plus souvent le produit de nos propres insécurités et du manque de confiance que nous avons en nous. Nous nous sentons jaloux parce que nous pensons que nous avons moins à donner que l'objet de notre jalousie. Nous perdons notre rationnalisme. Nous devenons incapables de voir quelles sont nos forces, et nous nous faisons dépasser par nos prétendues faiblesses. Nous nous sentons dévalorisés. Nous perdons notre sens de la dignité. Nous sommes paralysés, nous avons peur d'agir. Mais, ce n'est pas parce que quelqu'un ne se plie pas aux conditions qui ont été imposées dans notre relation que notre valeur intrinsèque

103

disparaît, ou que celle de notre partenaire diminue. Il ne faut pas oublier que nous ne pouvons forcer quiconque à agir selon nos besoins, à être ce que nous voulons qu'il soit, faire ce que nous voulons qu'il fasse, réagisse ou ressente les choses comme nous le voulons. C'est là une impossibilité, une illusion, un fantasme. Même si notre partenaire nous dit qu'il est "à nous", c'est en fait une figure de style.

Peut-être devrions-nous accepter le fait que nous ne pourrons jamais posséder un être humain. Lorsque quelqu'un décide de s'unir, il s'agit d'un accord entre deux unités séparées, qui demeureront comme telles. Nous devons apprendre qu'aimer les autres, c'est vouloir qu'ils soient eux-mêmes, avec ou sans nous, même si nous trouvons l'idée pénible. Lorsque tout a été dit, il ne reste plus qu'à leur souhaiter bonne chance. Si l'être aimé désire partir, il le fera, même si nous employons mille ruses pour le retenir. De plus, nous nous rabaissons en manipulant quelqu'un pour le "garder". Il vaut mieux s'en passer.

La jalousie diminue lorsque nous retrouvons un sentiment de valeur et de respect de nous-même, et lorsque nous cessons d'en faire un problème interne, et commençons à voir la jalousie objectivement, comme sentiment venant de nos exigences et de nos besoins personnels. Il se peut que cela vienne de notre désir de reconnaissnce et de loyauté. Ou encore de notre insécurité, de notre besoin de contrôler, de posséder, d'avoir l'exclusivité, ou la peur de perdre la face.

Dans une relation, la loyauté est basée sur la confiance et le respect. Elle ne peut qu'être offerte, jamais exigée. Elle repose sur une dévotion volontaire. Les relations sont sans cesse en mouvement. Un accord mutuel concernant la loyauté ou l'honnêteté forme la base d'où sortira la confiance future. La loyauté est donc un pacte. La fidélité aussi. Plus ces questions sont discutées tôt, plus le futur de la relation est sûr. La décision doit bien sûr être prise en commun accord. Il faut être prêt à accepter tout changement, à en discuter et à trouver d'autres terrains d'entente.

Le terme "jalousie" vient du grec *zelos* qui signifie "zèle". D'une part, cela suggère qu'un objet précieux est en danger, et que nous devons agir. D'autre part, cela implique que le côté négatif de la jalousie peut devenir positif avec le temps. Au fur et à mesure que les intéressés se renforcent et se sécurisent, la jalousie diminue. Il est difficile d'apprendre à "lâcher prise", car nous pensons pour la plupart que l'amour consiste justement à "s'accrocher". Mais l'amour le plus total présuppose sans doute la plus totale liberté. Il existe un vieux diction qui dit que l'amour doit être libre; lorsqu'il vous reviendra, vous connaîtrez le véritable amour.

Lorsque nous arrivons à vaincre la jalousie, nous aimons mieux et plus fort. Nous connaissons la joie et la force qui accompagnent le fait de résoudre nos propres problèmes, de satisfaire nos besoins, et d'aimer librement, sans imposition d'aucune sorte. Comme chaque fois que l'on surmonte une difficulté, on se sent plus grand.

Voici ce qu'écrit Eleanor Roosevelt:

> Chaque fois que l'on doit faire face à un problème, on pense qu'on n'y arrivera jamais et que l'on subira mille souffrances; chaque fois que l'on se bat et que l'on sort du tunnel, on réalise qu'on sera à jamais plus libre qu'avant l'épreuve.

N'ayez pas peur de votre jalousie. C'est une émotion normale, naturelle. Quand on aime quelqu'un, on connaît au moins une fois la jalousie. Ce qui importe, c'est de savoir si vous laisserez ce sentiment vous dévorer et détruire votre vie, ou si vous prendrez la jalousie comme un défi pour mieux vous connaître et mieux vous respecter. Le défi est lancé.

Chapitre VII

S'aimer
dans l'intimité

Lorsque nous nous laissons aller à nos émotions, la terre se métamorphose.

Emerson

Ne parlez pas d'affection perdue. L'affection n'est jamais perdue.

Longfellow

Les yeux baissés, regardant tristement son sac à main, elle dit d'une voix plaintive: "Je sais que mon mari sait être tendre et affectueux. Il l'est avec le chien."

Avec le chien! Ceux qui me connaissent le savent, j'ai l'habitude de me joindre au public à la fin de chacune de mes conférences. Cela permet de se saluer et de se donner des accolades amicales. Chaque fois, il y a au moins une personne, souvent âgée, qui murmure en m'embrassant: "Vous êtes le premier homme à me serrer dans ses bras depuis la mort de mon mari, il y a des années!" Je rencontre des hommes qui m'avouent que depuis leur enfance, ils n'ont pris aucun homme dans leurs bras, même pas leur fils. "Cela fait du bien", disent-ils souvent. Je me souviens d'un homme qui me dit en soupirant: "C'est comme rentrer à la maison."

Il arrive trop souvent que les parents et les enseignants ne touchent les enfants que pour les pousser, les tirer ou les diriger. Cela se produit encore, même si on a clairement démontré le rapport étroit qui existe entre le degré d'intimité physique que connaît l'enfant et sa santé mentale et physique.

La plupart des gens ne prennent jamais dans leurs bras ceux qu'ils aiment. On dirait que l'on réserve le contact physique à l'acte sexuel, ou à certains événements, comme remporter un gros lot dans une émission télévisée, se trouver au chevet d'un malade ou aller au cimetière.

C'est quand surviennent des tragédies que le besoin d'un contact physique se fait le plus sentir. Après un tremblement de terre, une inondation ou un grave accident, on se jette désespérément dans les bras de quelqu'un pour y trouver refuge. Il est remarquable de voir les athlètes vainqueurs sauter frénétiquement dans les bras de leurs coéquipiers, s'embrasser et se donner des tapes dans le dos, alors que ces mêmes hommes ne se laisseraient jamais aller à de telles effusions dans la vie courante.

Il est naturel de vouloir témoigner son affection. Mais pour d'obscures raisons, nous associons la tendresse à la sentimentalité, à la faiblesse et à la vulnérabilité. Nous semblons redouter autant la caresse donnée que reçue. Dans son merveilleux ouvrage *Intimate Behavior*, Desmond Morris écrit que ce comportement...

> ... aboutit à un état où tout contact semble répugnant, où le fait de toucher et d'être touché signifie blesser ou être blessé. C'est, dans un sens, un des plus grands maux de notre époque, une grave maladie sociale de notre monde moderne, que nous ferions mieux de guérir avant qu'il ne soit trop tard. Si ce danger est négligé, alors — à l'instar des produits chimiques qui empoisonnent notre nourriture — il augmentera de génération en génération, et atteindra un point irréversible.

Fort heureusement, à notre insu d'ailleurs, nous avons des contacts physiques quotidiens. Nous donnons des poignées de main, nous nous tapons dans le dos, nous nous "décoiffons" en jouant, et plus formellement, nous serrons notre partenaire en dansant. Tous ces gestes sont des expressions non sexuelles d'affection. Ce sont des façons très humaines de se rapprocher, d'exprimer notre amour, notre compréhension, notre chaleur. Ce sont des actes simples qui, pour certaines personnes, sont des barrières insurmontables.

Dans son livre *Making Peace with Your Parents*, le psychiatre bien connu Harold Bloomfield raconte comment il se décida à prendre son père dans ses bras en apprenant que ce dernier était atteint d'un cancer et qu'il était mourant. Le père et le fils durent réapprendre chaque étape, de l'accolade maladroite à celle qui se termina par un "Je t'aime". Ces caresses guérirent le Dr Bloomfield et donnèrent un regain de vie à son père, sa mère et tous les membres de sa famille.

Je me rappelle la séquence d'un film d'Antonioni où l'on assiste à une séparation. L'homme est en larmes, dépendant, il se tient la tête dans les mains, incapable de parler. La femme sait qu'elle n'a qu'un geste à faire pour le sortir de son désespoir. Elle essaie à plusieurs reprises, mais sa main semble trop lourde. Finalement, elle prend son sac, son foulard et quitte la pièce sans bruit. Cette scène donnait le frisson.

J'ai toujours eu du mal à comprendre ce genre de comportement. Je me rappelle mon étonnement, enfant, lorsque j'appris que les enfants ne s'asseyaient pas sur les genoux de leurs parents, et qu'ils ne se jetaient pas dans les bras des membres de leur famille ou dans ceux des invités. À l'école, on me trouvait efféminé parce que j'embrassais mes camarades. Même mes professeurs m'avertirent que "ça ne se faisait pas". Je répondais alors: "Nous on le fait à la maison", pour m'entendre dire d'un ton sans réplique: "Soit, mais pas dans ma classe!"

Encore aujourd'hui, j'ai tendance à prendre les gens dans mes bras lorsque je les rencontre. Pour ceux qui ne me connaissent pas, c'est une attitude choquante, une sorte de manie. D'où mon surnom de "docteur Caresses". Pour d'autres, c'est une violation de leur intimité. Judith Manners, qui écrit des articles sur le savoir-vivre, m'a d'ailleurs demandé de ne pas la toucher. Elle m'a dit que seuls son mari et le roi Louis XIV avaient le droit. Cela ne m'a pas empêché de l'embrasser quand même, en espérant qu'elle n'ait pas à s'en plaindre à son mari, et en sachant que c'était une cause perdue pour Louis XIV. Je me souviens d'un animateur de télévision très populaire qui m'avertit avant l'émission qu'il ne voulait pas que je le touche, car il était un homme. "Je ne veux pas que mon public pense que je suis homosexuel." D'un autre côté, il n'y a eu aucun problème avec des personnes comme Phil Donahue, Diane Sawyer ou Hugh Downs. Au cours d'une émission de Donahue, un monsieur a dit qu'il était vraiment mal à l'aise de m'entendre vanter les bienfaits des "caresses", et qu'il n'avait pas envie que le pays soit envahi d'obsédés sexuels.

Selon Desmond Morris, la peur du toucher remonte à de vieux tabous sexuels, souvent inconscients. C'est ce qui nous a empêchés de nous livrer à des contacts physiques qui ne soient pas liés à la sexualité. Selon lui, cela a provoqué...

... de très fortes inhibitions de notre intimité non sexuelle,
qui se sont répercutées sur nos relations avec nos parents et

notre parenté (gare à Oedipe), nos enfants (gare à l'inceste), nos amis du même sexe que nous (gare à l'homosexualité), nos amis intimes du sexe opposé (gare à l'adultère) et toutes nos relations (gare à la promiscuité). Tout ceci est compréhensible, mais totalement inutile.

On sait aujourd'hui qu'il y a un rapport direct entre notre potentiel affectif notre confiance et notre ouverture, et le fait que nous ayons été caressés, bercés, portés étant enfants. Nous apprenons l'affection à partir des modèles de tendresse que nous avons pu observer. Nous apprenons la sécurité en sentant la chaleur d'une étreinte à des moments importants. Nous apprenons la tendresse à travers le contact avec les gens. Dès sa conception, l'enfant à naître est enveloppé de la chaleur du sein maternel. Après la naissance, ce sentiment de sécurité doit à tout prix durer. Un bébé qu'on ne toucherait pas développerait une relation intime avec n'importe quel objet présent. Si on lui refuse toute expérience tactile, le bébé meurt.

Une caresse a la pouvoir de changer le cours d'une vie. De la chaleur d'une étreinte donnée à un moment de besoin peut dépendre la survie d'une relation, et même d'une nation!

Tout au long de notre vie, nous avons des besoins physiques, qui n'ont que faire des restrictions ou des codes culturels. Nous vivons inconsciemment certains tabous dans ce domaine. Nous sommes souvent choqués par la grande intimité des Européens, des Africains ou des Asiatiques.

Helen Colton, dans son passionnant ouvrage *The Gift of Touch*, parle de nombreuses expériences de toucher qui se sont révélées être très bénéfiques tant au plan émotif qu'intellectuel. Elle cite le cas d'un sociologue qui étudia les habitudes "tactiles" des Américains et des Parisiens. Il ressort que, sur une période d'une heure, les Parisiens se touchent au moins cent fois, alors que dans un même temps, les Américains ne totalisent que trois ou quatre contacts.

Nos relations sont largement déterminées par l'expérience que nous avons faite du toucher dès notre naissance. Il est vrai qu'une mère n'aura pas le même comportement physique avec un nouveau-né qu'avec un adolescent. Les besoins affectifs changent.

Mais à tout âge, nous avons besoin d'affection. On peut en fait mesurer le degré d'affection par le temps et l'énergie que l'on consacre aux contacts physiques. Il est naturel de vouloir être tout près de ceux que l'on aime.

Notre corps subit des transformations chimiques lorsque nous sommes en contact avec quelqu'un, tout comme il s'ajuste à des situations de menace en produisant plus d'adrénaline, substance qui rend possibles la fuite, le combat, l'attaque, suivant les cas. Si nous nous méfions des contacts physiques, notre corps aura les mêmes réactions qu'en situation de danger. Notre comportement est conditionné. Si l'intimité nous effraie, nous la fuirons ou garderons nos distances. Inversement, lorsque nous apprenons la joie que procure l'intimité, nous ressentons un sentiment de bien-être, de détente, de sécurité, de tendresse et de confiance.

Dans son ouvrage *Tenderness is Strength*, Harold Lyon écrit:

> Nous avons perdu de vue le fait que nous autres, humains, sommes d'une certaine façon de petits animaux dépourvus de fourrure ou de crocs pour nous défendre. Ce qui nous protège n'est pas notre méchanceté, mais notre humanité, notre capacité à aimer les autres et à accepter leur amour. Ce n'est pas notre endurance qui nous tient chaud la nuit, mais notre tendresse qui invite les autres à nous tenir chaud.

De nombreuses études ont prouvé que le besoin d'être touché est inné chez tous les animaux à sang chaud. Le contact les rend plus paisibles et augmente leur bien-être. D'un autre côté, le manque de contact provoque souvent l'abattement, la perte d'appétit, l'apathie et une baisse de toutes les fonctions vitales. Le Dr Harold Voth, psychiatre à la Menninger Fondation au Kansas déclare:

> L'étreinte peut lever la dépression — en ajustant le système immunitaire du corps. L'étreinte insuffle une vie nouvelle dans un corps fatigué, elle rajeunit, rend plus "vibrant". À la maison, prendre quelqu'un dans ses bras renforce les relations et réduit beaucoup les frictions.

Helen Colton corrobore ces indications. Voici ce qu'elle écrit:

... lorsqu'une personne est touchée, le taux d'hémoglobine augmente de façon substantielle. L'hémoglobine est un constituant du sang, qui transmet l'oxygène à tous les organes du corps — y compris le coeur et le cerveau. Une augmentation du taux d'hémoglobine tonifie le corps tout entier, aide à prévenir la maladie et accélère la guérison.

Le Dr Voth et Madame Colton recommandent aux gens de serrer dans leurs bras leur époux, leurs enfants, leurs amis ou leurs relations, le plus souvent possible. "Si vous vivez seul, dit le Dr Voght, la chaude accolade d'un ami est tout aussi bénéfique. C'est aussi une merveilleuse façon d'améliorer votre qualité de vie."

Alors qu'il dirigeait l'unité de contrôle de la douleur de l'UCLA (Pain Control Unit), le Dr David Bresler écrivait:

Apprendre à exprimer et à satisfaire nos besoins physiques avec amour et douceur ne peut que nous être à tous bénéfique. Je donne à nombre de mes patients le devoir suivant: étreignez quelqu'un quatre fois par jour pendant les semaines qui viennent. Il m'arrive même de prescrire une ordonnance du genre: quatre étreintes par jour, sans faute. Il ne faut en aucun cas sous-estimer la puissance de cette thérapie, ni le rôle qu'elle joue dans la guérison des maladies. D'autre part, c'est une ordonnance sûre. Personne n'est jamais mort d'une trop forte dose de caresses. Mais il faut savoir, comme me le disait un de mes malades, que l'on s'y habitue. Une fois que l'on commence, on a du mal à s'arrêter!

Le Columbus Dispatch daté du 16 janvier 1983 fait état d'une étude réalisée dans une université de l'Ohio. Il s'agissait de voir le rapport existant entre un régime alimentaire riche en lipides et l'artériosclérose chez des lapins de laboratoire. L'étude montra qu'à régime égal, les lapins qui avaient été pris et tenus par les étudiants présentaient deux fois moins de dépôts graisseux dans leurs vaisseaux sanguins que les autres. L'étude concluait: "Ceci explique peut-être pourquoi les hommes atteints d'artériosclérose sont beaucoup plus nombreux que les femmes."

Helen Colton parle d'études réalisées par Jack Pankaepp, de la Bowling Green Statut University, Ohio; selon leurs résultats, il existe un rapport étroit entre la consommation de drogues chez les adolescents et la pauvreté de leur milieu en "caresses". Helen Colton mentionne également une étude de James Prescott qui montre le rapport existant entre le degré de violence et de cruauté de 30 cultures différentes, et le degré de contact tactile et sensoriel au sein de chacune de ces cultures.

Quel que soit le sérieux de ces études, il est indéniable que le fait de toucher et d'être touché comporte d'énormes avantages. Nous sommes cependant une société sous-développée à ce point de vue. Desmond Morris écrit:

> Il est triste de constater que, presque sans nous en apercevoir, nous nous sommes graduellement coupés du toucher, nous sommes devenus de plus en plus distants, aux plans physique et affectif. C'est comme si le citadin moderne avait enfilé une armure, et que, avec une main de velours dans un gant de fer, il commençait à se sentir prisonnier et étranger aux sentiments de ses compagnons les plus proches.

Les adolescents admettent que c'est le manque de tendresse qui les pousse souvent à vivre dans la promiscuité. On peut dire qu'ils "compensent". Ils sont capables de faire des choses qui sont totalement étrangères à leur caractère et à leur système de valeurs pour recevoir un peu de chaleur et être acceptés.

La sexualité, qui est peut-être la démonstration la plus probante de l'intimité, s'est départie de l'affection. On ne parle plus guère de "faire l'amour", mais "d'acte sexuel", et d'expressions plus vulgaires. Ainsi, sexualité et intimité amoureuse ne sont pas nécessairement synonymes, même si elles ne s'excluent pas forcément. La sexualité peut être tout à fait séparée de l'amour. Il peut s'agir d'un acte de satisfaction purement génitale. Elle peut être dépourvue d'affection ou de désir de perpétuer l'espèce. Le corps d'un être humain est utilisé pour satisfaire les besoins d'un autre corps, pas plus. Cela peut n'avoir aucun rapport avec l'amour, la tendresse, l'affection, le partage ou le plaisir. La sexualité peut être seulement un acte de copulation visant à satisfaire un besoin. Sans cet ingrédient essentiel qu'est l'expression de l'amour et de l'affection, l'acte sexuel ne procure aucun des bénéfices premiers tels que sécurité et satisfaction prolongées; ceci n'arrive que dans une union complète du physique et de l'affectif. Comme n'importe quelle drogue, l'acte sexuel sans amour n'est plus que l'expression d'un besoin physique et d'un désir individuel, qui s'éteignent dès que l'orgasme est atteint; rien n'a été accompli en vue d'aimer l'autre ou d'avoir une relation.

Ces dix dernières années, on a dit et répété que la cause majeure de l'échec des relations amoureuses était le manque de connaissance et de techniques sexuelles. Il s'en est suivi une gigantesque production de best-sellers sur le sujet. Ces manuels couvraient tout: illustrations saisissantes, explications scientifiques et détaillées du point sensible, orgasme "total", etc. On nous dit que sans une compréhension de ces phénomènes, les relations souffriront. Elles seront incomplètes et l'amour sera impossible. Dans son livre *If Love is the Answer, What is the Question*, Uta West parle d'un débat entre James Baldwin et Norman Mailer sur l'amour et l'orgasme. Baldwin discute du rapport existant entre orgasme et amour, et dit à Mailer que dans les ghettos où il a grandi, " les hommes et les femmes avaient des orgasmes tout le temps, mais continuaient à s'attaquer au rasoir le samedi soir".

Dans son ouvrage *One to One*, le Dr Theodore Rubin déclare que le fait de mettre l'accent sur la technique et la mauvaise information

> ... est préjudiciable à la santé sexuelle de toute relation, et mène à l'insatisfaction et au trouble des amants en puissance. Le fait d'insister sur l'expérience sexuelle au plan mécanique, l'angoisse de la performance, les stéréotypes des amants "idéaux", ainsi que ceux de la réaction "idéale", a dilué le rapport qui existe entre l'acte sexuel et l'affection.

C'est ce qui a fait croire à bien des gens que la sexualité au lieu d'être une expression d'amour relevait plus du talent et de l'exercice. Un ami me confiait: "Je suis tendu en faisant l'amour, je me demande tellement si je fais les choses correctement que je ne sens rien."

Le Dr Rubin parle de ce sentiment lorsqu'il écrit:

> Ce stress est destructif. Il mise sur le superficiel et sur un sentiment de fierté plutôt que sur un intérêt sain à connaître des relations plus riches. La gymnastique sexuelle n'offre pas de satisfactions durables ou profondes; le croire, c'est s'exposer à de grandes déceptions — déceptions qui sont très néfastes pour une relation.

Dans son livre qui est devenu un classique *Love and Will*, le psychiatre Rollo May écrit:

> Le second paradoxe est que l'accent que l'on a mis sur la technique sexuelle a des retours de flamme. J'ai souvent l'impression qu'il existe un rapport inversement proportionnel entre le nombre de manuels de sexologie utilisés par une personne, ou le nombre de livres publiés, et le degré de passion ou même de plaisir sexuel éprouvé par l'intéressé. Il n'y a absolument rien de mal dans la notion de technique, que l'on joue au golf, que l'on joue la comédie ou que l'on fasse l'amour. Mais insister exagérément sur la technique sexuelle fait naître une attitude "mécaniste" en ce qui concerne l'acte sexuel, et va de pair avec l'aliénation, et des sentiments de solitude et de dépersonnalisation.

Je suis pour ainsi dire convaincu que, quand on aime suffisamment quelqu'un, on découvre la position 63 ou le point G, Q ou Z sans avoir besoin d'un manuel. Je ne prône pas l'ignorance. Je dis simplement que se préoccuper ainsi du côté mécanique de la sexualité peut se faire au détriment de l'essence de la vraie affection, qui devrait être une célébration physique de l'union la plus profonde. Les plus récentes recherches sur la cohabitation préférée au mariage en sont la preuve. On s'est aperçu que ce type d'arrangement choisi pour son côté "pseudo intime", qui aide à surmonter la solitude et permet d'avoir accès à une sexualité de couple, convient mieux aux hommes qu'aux femmes. Lorsque ces relations échouent, on invoque souvent l'incompatibilité sexuelle, alors qu'il s'agit en fait d'une peur d'un engagement profond et d'une intimité plus authentique. Dans ce genre de relation, le but est de tout avoir sans s'impliquer. Cela devient une caricature de relation intime qui ne peut en aucune façon déterminer l'issue de la relation une fois que l'on s'engage vraiment.

Je ne veux en rien minimiser la joie ou la richesse qui résident dans une vie sexuelle excitante et stimulante. Je veux simplement insister sur le fait que la sexualité est bien une partie vitale de la relation, mais elle n'est en aucun cas *la seule* ou *la plus importante* expression de l'affection. Il est intéressant de noter que la presque totalité de l'impressionnante documentation dont je me suis servi pour traiter de l'intimité rapprochait l'affection et l'intimité dans les relations hétérosexuelles. L'intimité familiale, l'intimité homosexuelle et l'intimité non sexuelle étaient presque totalement absentes. Il est sans doute vrai que les amours célèbres de l'histoire ont eu comme protagonistes des individus de sexe opposé; historiquement, les amitiés les plus profondes ont toujours été entre individus du même sexe. Pourtant, la littérature traitant de l'affection non sexuelle — qui est l'expérience la plus universelle — est quasiment inexistante.

Je sais que ce qui précède peut provoquer des réactions du genre: "Je ne veux pas qu'on me touche!" "J'ai droit à ma vie privée. Bas les pattes!" Je respecte ces réactions. Il s'agit d'individus qui se sentent mal à l'aise lorsqu'ils doivent faire face à des démonstrations physiques d'affection. Il existe de très nombreuses façons d'exprimer l'intimité. Ces personnes ont peut-être trouvé leurs propres méthodes pour satisfaire leurs besoins intimes. Du moins, je l'espère.

Il n'est pas facile de changer ses vieilles habitudes. Si les témoignages d'affection nous sont étrangers, il est normal qu'ils créent des réactions d'angoisse et de malaise. Si nous avons un grand besoin de caresses, si nous voulons vraiment changer notre comportement, il faut savoir que c'est réalisable. Nous ne devons pas pour autant penser que cela se fera du jour au lendemain. Prendre quelqu'un dans ses bras, quand on ne l'a pas fait depuis des années, n'a rien de naturel. Il vaut mieux commencer par nous occuper de notre famille et de nos amis. Nous pouvons leur demander d'exprimer leur besoin de nous voir changer d'habitude. On peut commencer par une poignée de main, une tape sur l'épaule, un geste et passer à une accolade ou un baiser affectueux sur la joue. Les résultats sont souvent immédiats et spectaculaires. La plupart d'entre nous en ont assez d'être des étrangers. Ils ont besoin de trouver une nouvelle intimité, de nouvelles façons de se rejoindre et de se rapprocher de ceux qu'ils aiment. L'intimité physique n'est qu'une façon de communiquer. C'est la communication qui est l'élément vital de toute relation.

L'idée de chaleur, de caresse, de tendresse et d'affection est puissamment rendue dans le poème intitulé "Minnie Remembers" de Donna Swanson. Il figure dans son livre intitulé *Mind Song*. Le voici:

> Depuis combien de temps quelqu'un m'a-t-il touchée? Je suis veuve depuis vingt ans. Respectée. On me sourit. Mais personne ne me touche... Mon Dieu, je suis si seule. Je me rappelle Hank et les enfants. Comment pourrai-je les imaginer si ce n'est ensemble? Hank n'avait pas l'air de se soucier que mon corps perde ses formes. Il l'aimait, et il aimait le toucher. Et les enfants me prodiguaient mille caresses... Mon Dieu, je suis si seule! Que n'avons-nous montré aux enfants à être aussi fous et affectueux que dignes et bien élevés. Ils conduisent leurs belles voitures. Ils viennent me saluer dans ma chambre. Ils discutent brillamment et se souviennent. Mais ils ne me touchent pas. Ils m'appellent Maman, Mère ou Grand-mère. Jamais Minnie. Ma mère m'appelait Minnie. Mes amis aussi. Hank m'appelait Minnie, lui aussi. Mais ils sont partis. Et Minnie aussi.

Minnie est un personnage qui nous est familier, malheureusement. Notre culture continue à produire des individus bien habillés, bien soignés et trop nourris. Nous avons tant de choses. Et pourtant, nous souffrons d'un manque très dangereux — nous sommes incapables d'exprimer notre amour sans crainte, avec affection et honnêteté. Il faut si peu pour ouvrir les bras à l'autre. C'est la marque la plus claire et la plus expansive que nous puissions donner.

Chapitre VIII

S'aimer : quelques
conseils sollicités

Ne donnez jamais de conseils. L'ignorant ne les suivra pas. Le sage n'en a pas besoin.

Je n'ai jamais beaucoup aimé les conseils. Je suis convaincu que chacun de nous porte en lui ses propres réponses. Il suffit d'en prendre conscience, de les reconnaître et d'agir en nous y conformant.

En préparant le questionnaire portant sur les relations, je pensais à la somme d'expérience dont on pourrait profiter si je sollicitais quelques conseils de la part des participants. Un grand nombre d'entre eux me dirent qu'ils ne voulaient pas donner de conseils. Cependant, la majorité acceptait de donner quelques idées qu'ils jugeaient utiles. Je pense que ces suggestions valent la peine d'être partagées.

Les commentaires qui suivent constituent selon moi d'importants sujets de réflexion qui intéresseront le même public le plus averti. Ces pensées ont une qualité essentielle et précieuse: celle de l'expérience.

C'est en vivant dans le présent, maintenant, que demain a le plus de chance de se réaliser.

Épanouissez-vous ensemble constamment.

Les relations exigent un investissement énorme de temps et d'énergie. Celles qui réussissent ne tombent pas du ciel. Elles sont créées.

Reconnaissez le fait que toutes les relations ne sont pas pour la vie. Reconnaissez leur côté temporaire, tout en agissant comme si elles étaient permanentes.

Respectez les relations de votre partenaire qui sont extérieures à vous. Si elles sont importantes aux yeux de l'autre, elles devraient l'être aussi pour vous.

N'idéalisez jamais les gens. Ils ne peuvent pas survivre à vos attentes.

Prenez votre temps.

Enlevez les étiquettes. Tout le monde a sa propre valeur; ce qui est intéressant, c'est de la découvrir.

N'ayez pas peur de donner. On ne donne jamais trop quand on donne de bon coeur.

Ne croyez pas que votre présence soit requise vingt-quatre heures sur vingt-quatre auprès de ceux que vous aimez. Laissez-les de temps en temps, et accordez-leur l'espace qui leur revient.

Ne forcez jamais quelqu'un à faire quelque chose pour vous "au nom de l'amour". L'amour ne se marchande pas.

N'ayez pas peur.

N'examinez pas vos relations à la loupe.

Soyez conscient que vous avez toujours le choix. Tout dépend de vous.

Rappelez-vous qu'une relation est une mine de ressources. Ainsi, chaque relation vous permet non seulement de donner, mais aussi de vous enrichir.

Que vos expériences ne vous durcissent pas; servez-vous-en au contraire pour être plus conscient et plus sensible.

N'étouffez pas votre partenaire. Personne ne s'épanouit dans l'ombre.

Ne perdez pas votre côté fou. "Folie" et attentions sont les meilleures garanties d'une relation vivante.

Ne broyez pas du noir. Vivez et aimez. La vie est trop courte.

Ne vous obstinez pas dans la colère, la souffrance, la peine. Vous y perdrez vos forces et aussi votre amour.

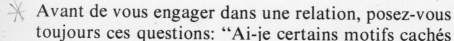 Avant de vous engager dans une relation, posez-vous toujours ces questions: "Ai-je certains motifs cachés

pour vouloir cette relation? Suis-je en train de poser des conditions à mon amour? Est-ce que j'essaie de fuir quelque chose? Ai-je l'intention de transformer mon partenaire? Ai-je besoin de lui pour compenser une carence personnelle? Si vous répondez oui à une de ces questions, laissez la personne toute seule. Elle sera plus heureuse sans vous.

On veut parfois mettre fin à une relation. Ce n'est pas une raison pour cesser d'être "en relation".

Conservez votre côté enfant et joueur.

Voyez les gens beaux et bons, même lorsqu'ils semblent faire exprès de vous rendre la tâche difficile.

Vous ne deviendrez jamais des étrangers l'un pour l'autre si vous prenez le temps de vous parler chaque jour.

Le divorce, les batailles et les disputes ne résoudront jamais vos problèmes; essayez plutôt la compréhension, la chaleur et la souplesse.

Valorisez-vous. Les seules personnes qui apprécient un paillasson sont celles qui ont les pieds sales.

Cessez de traverser la vie en cultivant regrets et remords. Nous sommes meilleurs que nous le pensons.

Avant de vous engager dans une relation, demandez-vous si votre partenaire a des défauts qui vous sont insupportables. Si oui, demandez-vous si vous seriez capable de vivre avec pour toujours. Si vous répondez par "non", abandonnez.

Faites une liste des raisons qui font que vous aimez votre partenaire. Relisez-la lorsque les choses iront mal. Cela résout les problèmes rapidement.

Ne faites pas de vos problèmes ceux des autres. Cela les rend deux fois plus difficiles à résoudre.

Que les désaccords et les disputes ne vous effraient pas. Les gens qui ne se querellent pas sont soit des gens indifférents, soit des gens décédés. En fait, méfiez-vous des petites disputes. Assurez-vous toujours que le problème est tout à fait réglé.

Une fois la querelle passée, oubliez-la.

Sachez qu'il vaut mieux plier que rompre.

Ne vous prenez pas trop au sérieux, mais n'oubliez jamais de prendre l'autre au sérieux.

Ne tombez pas dans la mesquinerie, l'égoïsme et l'infantilisme. Ces sentiments ne peuvent que dégrader la qualité de votre relation et creuser un fossé entre vous.

Surveillez attentivement ce qui vous irrite. Cela peut devenir très destructeur. Verbalisez immédiatement ce qui vous déplaît.

Ne soyez pas si fier. C'est généralement un sentiment creux, qui érige des barrières et creuse des fossés entre les gens.

Reconnaissez l'humanité de l'autre.

Examinez bien la nature de chacune de vos relations: elles sont dynamiques et changent par conséquent pour le meilleur ou pour le pire.

Servez-vous de vos sentiments; ils n'ont un sens que lorsqu'on les met en oeuvre.

Laissez une plus grande part à la tendresse et à l'intimité; elles nourrissent littéralement une relation.

Ayez de la compassion. Vous serez sûr de comprendre et d'accepter l'autre.

Considérez qu'une critique est positive car elle permet de s'auto-évaluer. Vous êtes libre de la rejeter si vous la jugez injuste ou inappropriée.

Apprenez à écouter. On n'apprend rien à s'entendre soi-même parler.

Cessez de vous faire du souci. D'une semaine à l'autre, vous aurez probablement oublié ce qui vous préoccupait tant.

Soyez réaliste dans vos attentes.

Si chaque partenaire est prêt à investir 75 pour 100 de sa personne dans la relation, vous vous retrouverez avec un surplus de 50 pour 100!

Puisque l'amour se crée, il n'y a aucune raison de vivre sans.

Ne laissez personne vous mettre sur un piédestal. Il est facile d'en tomber.

Ne vous demandez pas ce que la relation peut vous apporter. Demandez-vous plutôt ce que vous pouvez y apporter.

Cessez de jouer. Une relation ne peut s'épanouir que dans l'authenticité.

Même si vous formez la moitié de la relation, vous devez demeurer une personne entière, indépendamment de la relation.

Comme il est merveilleux de vivre avec quelqu'un qui est aimé de plusieurs personnes. Cela prouve que vous avez fait le bon choix.

Créer quelque chose de précieux requiert de la patience et de l'énergie.

Il faut beaucoup d'attention pour bâtir une relation de qualité.

Rappelez-vous que les valeurs morales et spirituelles ne vous restreignent pas. Elles vous protègent.

Riez. C'est un excellent exercice pour le coeur.

Une relation amoureuse n'est pas un événement sportif. Cessez de vous battre pour avoir le contrôle. Personne ne sort jamais vainqueur de ce genre de concours, excepté les avocats.

Certaines concessions sont acceptables si elles rendent l'autre heureux.

Ce que vous apprenez sur vous est une aide précieuse pour comprendre les autres.

Voyez les problèmes comme de petits miracles qui vous permettent d'apprendre et de changer.

Tout en conservant votre intégrité en tant que personne, sachez ne faire qu'un avec votre partenaire. Vous y parviendrez facilement si vous le considérez comme un être unique.

Ne tombez pas amoureux de l'amour. Vous risquez de vous noyer dans ses complexités.

Soyez poli. L'amour ne donne pas le feu vert à la vulgarité.

C'est vous qui êtes au centre de toutes vos relations. Vous êtes donc responsable de l'estime que vous vous portez, de votre épanouissement, de votre bonheur. Ne comptez pas sur l'autre pour vous prendre en charge. Vivez comme si vous étiez seul et voyez les autres comme des présents qui enrichissent votre vie.

Lorsque vous êtes en colère après quelqu'un, arrêtez-vous, et repensez à tout ce qui fait que vous aimez cette personne.

Ne laissez pas vos relations mourir de négligence.

Chapitre IX

Le défi
des relations humaines

*Dans un environnement social de plus en plus sur-
peuplé et impersonnel, il devient d'une importance cru-
ciale de reconsidérer la valeur des relations personnelles
intimes avant d'être obligé de se poser la douloureuse
question: "Qu'est-il donc arrivé à l'amour?"*

Desmond Morris

On peut affirmer sans crainte que la majorité d'entre nous aspirent à des relations amoureuses plus fortes, plus créatives et plus gratifiantes. Il est bien évident que pour ce faire, il faut être prêt à y consacrer les efforts nécessaires. Ce n'est pas un processus facile, mais il sera, je pense, facilité par les points suivants qui, pour avoir été souvent répétés, n'en sont pas moins précieux.

Se connaître soi-même

Cette phrase a tellement été utilisée que je ne suis pas surpris qu'elle en irrite plus d'un. Ce "Connais-toi toi-même" vieux de plusieurs siècles a été particulièrement rabâché ces vingt dernières années. On donne toutes sortes de conseils vagues, mais aucune directive précise pour apprendre à se connaître réellement. On ne nous dit pas si nous pouvons réussir seuls, si nous avons besoin d'un guide, d'un psychiatre, d'un prêtre ou d'un mystique. Oscar Wilde disait que "Seuls les gens creux se connaissent." Cette phrase a de profondes implications. Elle suggère qu'il s'agit d'un processus sans fin. Connaissez-vous l'histoire de cet homme qui après des années d'introspection s'écria débordant de joie: "Ça y est, j'ai enfin pénétré les secrets de mon âme, je me connais."

Un passant l'arrêta et lui demanda: "C'est extraordinaire, mais qu'avez-vous trouvé?"

"Je fais un avec le tout", répondit-il.

"Vous faites un avec le tout?" répéta le passant.

"Vous pensez que non?" demanda cet homme.

Notre potentiel dépassant de loin la conscience que nous pouvons en avoir, il est bien évident que se connaître totalement est utopique. On peut dire qu'au mieux c'est un processus dynamique. L'introspection n'en demeure pas moins essentielle à la survie. La connaissance que les autres ont de nous est directement proportionnelle à celle que nous avons de nous-mêmes. Nous devons donc entretenir une sorte d'autorelation avant de demander aux autres d'entrer en relation avec nous. L'épanouissement d'un être humain s'étalant sur toute une vie, nous devons courir le risque de nous découvrir tels que nous sommes — incomplets et imparfaits. C'est lorsque nous laissons voir aux autres notre vulnérabilité qu'ils risquent de nous aider à mieux nous connaître. Plus nous nous cachons, moins nous aurons d'occasion d'apprendre. Si nous sommes ouverts au partage, les autres nous le rendront. Si nous craignons de dévoiler nos personnalités imparfaites, les autres ne se sentiront pas assez en sécurité pour s'ouvrir à nous, et nous resterons à jamais étrangers les uns aux autres. Un de mes amis dit souvent qu'il n'est sans doute pas grand chose, mais que c'est tout ce qu'il a pour le moment. Il est prêt à partager cela avec ses amis. Il espère que c'est suffisant. Il arrive trop souvent que nous surévaluions nos capacités. Il faut rester réaliste, se voir tel que l'on est, sans quoi nous ne développerons jamais de vraies relations, nous ne nous épanouirons pas vraiment et nous ne serons jamais totalement acceptés par les autres.

"La première histoire d'amour que nous devons vivre et réussir en est une avec nous-même", écrit Nathaniel Branden dans son livre intitulé *Psychologie de l'amour romantique*. "Ce n'est qu'à ce prix que nous pourrons nous engager dans des relations amoureuses." Quel que soit notre attachement aux autres, nous devons commencer par être responsables de nous-mêmes: on ne peut donner que ce que l'on a. Si nous nous sentons "invisibles", mal à l'aise et victimes, comment pourrons-nous donner à l'autre des sentiments de reconnaissance, de sécurité et de force?

Pour se connaître, il faut sans cesse être conscient de soi. On s'engage à changer et à s'épanouir tant mentalement que physiquement. On doit aussi mettre fin aux regrets et à la dépréciation systématique de soi-même, et observer du mieux que nous le pouvons comment nous vivons et exprimons nos convictions. Seules les personnes qui veulent se connaître et s'accepter peuvent accepter de telles qualités chez autrui.

Débarrassez-vous des petits ennuis de la vie quotidienne

Lorsque vous examinez votre comportement, demandez-vous si vous aimeriez votre compagnie. Nous ne nous mettons pas assez souvent dans la peau de ceux qui vivent avec nous. Je me rappelle avoir fait partie d'une étude expérimentale sur le comportement des professeurs dans leur salle de classe. Les enseignants avaient été filmés à leur insu plusieurs fois au cours de la journée. Les bandes, devant servir à une auto-évaluation, furent visionnées uniquement par les professeurs. Ces derniers furent choqués par leur comportement. Ils ne s'étaient jamais vu agir avant. Tous furent d'accord pour dire qu'il s'agissait d'une excellente expérience pour la connaissance de soi. Bien des gens se trouveraient ainsi bien différents de l'image qu'ils se font d'eux-mêmes. Sommes-nous grincheux, exigeants, inconsidérés, arrogants, critiques, insensibles, méchants, irrespectueux, froids, autoritaires, blessants, tout en prétendant être des personnes pleines d'amour? Nos paroles et nos actes sont-ils au contraire pleins de chaleur, d'amour, de tolérance et de sincérité?

On sait que les relations échouent la plupart du temps non pas à cause de problèmes majeurs, mais à cause d'un ensemble de petites choses qui se répètent au fil des ans: comportements égoïstes, commentaires manquant de prévenance, petits actes de cruauté, mots que l'on ne dit pas, ou projets que l'on remet toujours à plus tard. Les cas de divorce fourmillent d'une combinaison de "différences irréconciliables". Si on y regarde de plus près, on s'aperçoit que ce sont des griefs du genre:

• Elle n'arrête pas de m'interrompre quand je parle. Ça me rend fou.

• Il ne ramasse jamais ses affaires.

• Il n'arrive pas à se décider et change tout le temps d'avis.

• Elle est tellement maniaque pour les objets. J'ai peur de déplacer un cendrier. J'ai moins d'importance qu'un cendrier, dans cette maison.

• Il s'endort devant la télévision tous les soirs. Je ferais mieux de vivre toute seule.

• Il n'arrête pas de parler. Il ne dit jamais rien d'intéressant. Mais il parle.

• Chaque fois que je rentre à la maison, elle ne peut pas s'empêcher de me raconter dans les détails toutes les tragédies, tous les accidents qui sont arrivés.

Ces comportements ne sont pas bien importants, mais ils peuvent détruire les relations les plus stables si on les laisse s'incruster. Tous ces défauts peuvent être éliminés si l'on prend la peine d'y réfléchir honnêtement, et si l'on décide de s'en débarrasser. Les relations échouent non pas parce qu'elles sont mauvaises, mais parce que la plupart des gens refusent de se corriger. Ils s'entêtent dans leurs comportements.

Apportez plaisir et spontanéité à chacune de vos relations

Un des plus grands compliments que l'on puisse faire à quelqu'un est de l'accueillir avec un visage plein de joie. C'est généralement l'accueil que reçoivent ceux qui abritent un élément de joie et de surprise. La plupart d'entre nous se sentent piégés par les habitudes, la routine. La surprise a disparu au profit de la sécurité. Nombreux sont ceux qui se réfugient dans ce qui leur est familier et qui pensent y trouver la paix. C'est une lame à double tranchant. C'est le risque, l'imprévisible, l'inconnu, qui peuvent nous libérer de l'ennui et mettre de la vie dans une relation. C'est l'improvisation et l'inconnu qui sont riches en possibilités. Les voyages organisés en sont un parfait exemple. Supposons que vous vous trouvez à Capri, dans une merveilleuse villa qui donne sur la Méditerranée. Votre séjour ne vous coûte presque rien, les propriétaires sont gentils, ouverts, amusants. La nourriture est délicieuse. Mais, selon votre itinéraire, vous devez être à Rome le lendemain. Vous avez des billets pour le train et des réservations d'hôtel. Quel dommage! Vous pouvez bien sûr rester à Capri, mais c'est risqué — vous ne trouverez peut-être pas de chambre à Rome, vous prendrez peut-être le mauvais train, et vous risquez de vous retrouver dans les Abruzzes. Si nous optons pour la sécurité, nous risquons de rater toutes sortes d'expériences merveilleuses. Je me rappelle la folie de mes jeunes années lorsque je voyageais en Europe muni de ma carte Eurailpass. Nous voyagions entre amis. Un groupe restait dans une gare et prenait le premier train pour une destination inconnue. C'était la route de la découverte, des surprises et de l'apprentissage! Train en partance pour Madrid! Copenhague! Chivasso! Istambul! Salzbourg! Oslo! Londres!

Il n'est évidemment pas toujours possible de mener ce genre de vie. L'ordre, la planification et la sécurité sont nécessaires pour survivre et rester sain d'esprit. Cependant, une vie dénuée de mystère et de risque est comme une "demi-vie". Il est illusoire de croire à la "sécurité dans la monotonie". On perd une chance de comprendre vraiment le sens de la vie. La vie est pleine de surprises. La vie est courte aussi et la mort vient souvent nous surprendre avant que nous soyons prêts à l'accueillir.

De temps en temps, laissez les choses arriver. Le monde est plein de délices qui ne demandent qu'à se manifester.

Soyez attentionné

Dans une relation vraie, chacun se sent vraiment impliqué vis-à-vis de l'autre. Ce sentiment se traduit par des paroles et des actes de tendresse, d'attention, de considération et de politesse. L'intimité ne doit en aucun cas donner le feu vert à des comportements rudes, inconsidérés, voire vulgaires. Il est bien triste de constater que certaines personnes sont plus aimables avec des étrangers (ou même des animaux) qu'avec leurs proches. Dire "Merci", "S'il te plaît", "J'apprécie ce que tu fais", "Si cela ne te dérange pas" est un excellent moyen de prouver quotidiennement à son partenaire que l'on se soucie de lui et qu'on l'apprécie.

Il n'y a pas si longtemps, je me suis retrouvé dans la salle de nouvelles d'une station de télévision new-yorkaise. Les bureaux semblaient empilés les uns sur les autres, l'air retentissait des sonneries de téléphones et toute la salle bourdonnait d'une activité désordonnée. Si j'avais jamais vu un endroit où un peu de chaleur humaine et de considération dans les rapports entre les gens auraient été bienvenues, c'est bien celui-là. Il y avait là un homme qui était si absorbé par son petit monde qu'il semblait ignorer la présence de ses collègues. Il les injuriait copieusement: "Où étiez-vous encore fourré?", criait-il, ou bien: "Faites ce travail, et que ça saute!" Je me suis demandé combien de temps encore il

141

pourrait se conduire de façon aussi inacceptable sans qu'une violente confrontation ne s'élève.

Les membres d'une même famille oublient trop souvent que leur sensibilité n'est pas invulnérable. Personne n'aime se faire rabrouer, se faire traiter avec brusquerie ou indifférence, comme on traite une chose. Je me souviens d'une mère qui m'a confessé un jour qu'elle n'avait jamais entendu, au cours des douze dernières années, un seul "merci" dans la bouche de son mari ou de l'un de ses enfants.

Ma mère nous rappelait toujours qu'elle était notre maman, qu'elle n'était pas sur terre pour que nous profitions d'elle, ni pour nous servir comme une esclave. Traiter quiconque avec rudesse revient à le considérer comme inférieur. Maman nous le rappelait parfois par une gifle. Les mères ont elles aussi besoin d'être aimées.

Nous sommes fragiles et vulnérables. Des actes et des paroles inconsidérés peuvent, avec le temps, saper nos relations et provoquer une séparation, de la peine, des tensions, de la colère et de la rancune.

Nous avons tous la responsabilité de créer un milieu chaleureux et bon pour ceux que nous aimons. Pour moi, une journée réussie, ce n'est pas tant un ensemble de choses qui me sont agréables, qu'une série de gestes et de paroles que j'ai su rendre agréables pour ceux que j'aime. Et ça marche!

Nous devons nous traiter avec dignité. Non seulement parce que nous le méritons, mais parce que nous nous épanouissons mieux dans un climat attentif.

Traitez les autres avec la même chaleur et la même considération que vous vous attendez à recevoir.

Cessez de vouloir dominer et changer les autres

Le processus du changement passe obligatoirement par la volonté. Personne ne peut changer quelqu'un sans son accord. Une relation qui ne respecte pas la personnalité et les choix d'un partenaire est vouée à l'échec. Qui dit intimité dit respect des droits, des idées et des sentiments de l'autre. Il est bon de prendre note de ce qu'écrit à ce sujet David Viscott:

Les droits d'une personne engagée dans une relation quelle qu'elle soit sont les mêmes droits dont elle jouissait avant de connaître son partenaire actuel. Les droits ne sont pas à marchander. Ils existent. Toute relation doit reconnaître et assurer les droits des deux parties.

Ce type d'interaction n'est possible que lorsque nous reconnaissons les autres et les acceptons tels qu'ils sont, sans leur imposer nos besoins et nos attentes. Toute personne a droit à ses idées. Une relation amoureuse permet de partager avec l'autre ses points de vue, et de se rapprocher ainsi de lui.

Malgré cela, il faut bien admettre que la plupart des gens passent un temps fou à essayer de changer les autres. Tous les moyens sont bons: critiques, culpabilisation, manipulation de toutes sortes. On dit que l'on agit au nom de l'amour et pour l'intérêt de l'autre. Mais il s'agit bel et bien d'une violation et d'une dépréciation de la personnalité même de l'autre.

Vivre une relation durable, c'est commencer par être heureux de ce qu'est notre partenaire. Nous courons au désastre en laissant des gens abusifs, inconscients, voire cruels dans nos vies, en pensant que, grâce à notre "influence", ils changeront. Pour qu'une personne change, elle doit vouloir le faire. Tout ce que l'on peut espérer faire, c'est s'adapter aux défauts de l'autre.

Une de mes amies était convaincue que son amour serait assez fort pour transformer son mari — un homme très peu démonstratif — en une personne affectueuse. Venant d'une famille aimante mais assez froide, son mari considérait les compliments, les marques de tendresse ou d'affection comme des signes de féminité et se sentait très mal à l'aise. Après trente ans, mon amie se sent encore privée d'amour. Elle se plaint amèrement et le traite de "sans coeur". Lui se contente de répondre qu'elle savait ce qu'elle faisait en l'épousant. Même si elle lui reconnaît des qualités, elle a l'impression de s'être fait berner. Elle continue à croire qu'elle arrivera à le changer. Pour elle, sa relation sera un échec tant qu'elle n'aura pas atteint son but.

Nous savons généralement ce dont les autres ont besoin. Bien souvent, ils nous demandent très peu. Si notre amour est sincère, nous accepterons de faire certaines concessions. D'un autre côté,

143

nous trouverons plaisir à répondre à leurs besoins, à les voir heureux et en sécurité. Encore une fois, tout changement est un acte de volonté. Il est effectivement possible de manipuler, de dominer et de changer les gens à notre convenance. On peut même créer certains milieux pleins de charme et de séduction pour y parvenir. Mais c'est là un manque total de respect envers la personne que nous disons aimer. Si cette dernière n'est pas ce que nous pensons qu'elle devrait être, il serait peut-être mieux de la laisser tranquille, de coopérer et de nous adapter à elle. Cela nécessite une grande maturité. Ce genre d'attitude est impossible si l'on est convaicu d'avoir raison. En résumé, nous pouvons *aider* les gens à changer, mais *eux seuls* peuvent le faire.

Ne rendez pas les autres responsables de votre malheur

Nous sommes entièrement responsables de nos actes. Nous ne devons pas chercher de fausses excuses. Nous avons pourtant souvent tendance à rendre les autres responsables de nos sentiments et de nos actes, au lieu de nous poser la question suivante: "Pourquoi ai-je choisi d'agir ou de réagir de cette façon?" Le bonheur et la vraie liberté ne sont possibles qu'à condition que l'on assume pleinement la responsabilité de sa personne. Tant que nous blâmerons les autres, nous n'aurons jamais à remettre en question notre comportement, ni à le changer. Nous nous plaignons de la société qui nous empêche d'être libres. Nous nous plaignons de nos amis, de nos amants, de nos professeurs, de la vie même. Nous ne sommes jamais coupables. Nous sommes des victimes. Certaines personnes accusent Dieu de leur malheur. J'ai entendu quelqu'un s'exclamer un jour: "Je ne pardonnerai jamais à Dieu de m'avoir fait ça à moi!" Quel égocentrisme! Certains se voient ainsi manipulés par la vie, sans espoir, démunis de tout. Ils s'apitoient sur leur sort, ils attendent que leurs proches, leur famille ou Dieu, viennent "tout arranger" pour eux. Malheureusement, ils peuvent attendre toute leur vie en vain!

Il ne faut pas prendre nos relations pour les dépotoirs de nos égoïsmes, de nos désespoirs et de nos colères. On ne mûrit qu'en assumant la responsabilité de notre bonheur, en sachant que nous en sommes les seuls artisans. La paix et le bonheur durables viennent de l'intérieur. Les gens vont et viennent, les événements se succèdent, mais la joie est celle que nous générons. Si tel n'était pas le cas, nous pourrions à tout moment acheter le bonheur. Or, même en reconnaissant à quel point l'argent peut favoriser le confort et la créativité, on sait bien que le bonheur est autre. Lorsque j'étais enfant, nous vivions tout juste au-dessus du seuil de la pauvreté. Pourtant, cette époque reste la plus heureuse de ma vie. Je nous revois entassés dans la voiture, partant pour des excursions bien au-dessus des forces de notre vieille Chevrolet. Nous adorions cela. Nous riions beaucoup et trouvions toujours des raisons de célébrer. Chacun de nous travaillait beaucoup, partageait tout ce qu'il avait et aimait sans contrainte.

Un jour, j'ai trouvé dans mon courrier la lettre d'une femme condamnée par un cancer. Elle écrivait qu'en apprenant la nouvelle sa famille s'était ralliée à ses côtés. (Je ne peux m'empêcher de noter au passage qu'il faut souvent que l'on soit mourant pour avoir droit à un traitement "humain".) Libérée des occupations mondaines qui étaient les siennes avant sa maladie, elle avait décidé de consacrer le temps qui lui restait à mieux se connaître. "J'ai commencé à m'intéresser à la nature de mes pensées, de mes choix, des choses, des livres que j'aime. J'ai réalisé que tout cela reflétait ce que je suis. Ainsi, j'en arrivai à connaître une personne merveilleuse: *moi-même*. La meilleure chose que j'aie apprise, après qu'on m'eut annoncé que je devrais renoncer à tout, c'est que j'étais ma seule et unique richesse." Cette dame terminait ainsi: "Comme je vous l'ai dit, je suis condamnée, mais je n'ai jamais été aussi vivante et heureuse qu'aujourd'hui!" Le bonheur existe, même dans la mort imminente.

En misant non pas sur le désespoir, mais sur le bonheur, nous pouvons d'une part le générer et d'autre part le perpétuer. Toutes les relations ont un grand besoin de bonheur. Une existence abordée dans la joie est capable de neutraliser la souffrance et l'apathie — qui ne sont hélas que trop présentes dans le monde. Une telle approche est essentielle.

L'importance de l'amitié

Parmi les réponses que j'avais reçues concernant le questionnaire sur les relations amoureuses, la grande majorité soulignaient l'apport considérable de l'amitié dans une relation première. Il peut paraître étrange d'être l'ami de son partenaire, ou celui des membres de sa famille, cependant l'amitié apporte avec elle le désir sincère de connaître l'autre, ce qui est l'une des conditions essentielles à l'amour. C'est là une saine curiosité qui nous aide à dépasser notre ego — qui nous permet de ne pas tomber dans la compétitivité, l'exploitation et la manipulation. C'est un désir altruiste de connaître d'autres êtres tels qu'ils sont, et de créer un climat suffisamment intime et sécurisant qui leur permettra de s'ouvrir à nous.

Il est étrange que nous soyons beaucoup plus tolérants pour nos amis et nos connaissances que pour ceux que nous "aimons". On dirait que plus nous sommes attachés à quelqu'un, plus nous le blessons, le jugeons, le comparons. Nous voulons tellement rendre la personne aimée parfaite, nous voulons tant lui épargner la souffrance que nous la dévalorisons en tant qu'être humain. Nous sommes plus attentionnés, plus confiants et plus tolérants envers nos amis.

Dans son livre intitulé *If Love is the Answer, What is the Question?*, Uta West écrit:

> La confiance, la tolérance et les attentions qui caractérisent l'amitié peuvent guérir et sauver toutes les relations intimes. Être le meilleur ami — de soi-même, de sa mère, de son enfant, ou de la personne qui partage notre lit — c'est d'abord et avant tout respecter l'intégrité de la personne.

Cela me rappelle une entrevue où un couple parlait de leurs 60 années de vie commune. Le mari dit en souriant: "Ma femme a été à la fois ma meilleure amie et ma maîtresse!" Peut-on faire compliment plus flatteur?

L'amitié reflète un profond respect pour l'autre. Elle nous rappelle que l'on n'existe pas seulement pour satisfaire ses propres besoins. Les amis ont eux aussi leurs besoins, ils ont eux aussi une vie à réaliser. Ainsi, nous sommes responsables de nous-mêmes tout en acceptant volontiers de nous sentir responsables de ceux que nous choisissons. Il s'agit d'un partage et d'une entente mutuels ayant pour but l'enrichissement des deux parties.

Chacun affirme l'identité de l'autre et renforce son intégrité. Plus l'amitié est grande, plus elle permet à chacun de se livrer sans crainte. Chacun sait qu'il est le bienvenu et que sa vie nous tient à coeur. Chacun montre combien il respecte et admire l'autre, combien il apprécie le fait de partager sa présence et ses expériences.

On peut se demander si ces définitions ne sont pas en fait celles-là mêmes de l'amour. La réponse est "oui". L'amour et l'amitié procèdent de la même dynamique, à cette différence près que l'amour est "plus intime", "plus profond", "plus...". En amour, on est *plus* impliqué, *plus* vulnérable, *plus* responsable. On consacre *plus* de temps à l'être aimé, on partage une intimité plus grande sur les plans psychique et physique. On investit plus dans l'enrichissement mutuel, dans le partage, dans la reconnaissance de ce qu'est l'autre.

L'amour nous apprend que c'est au moment où nous nous perdons le plus en l'autre que nous sommes le plus totalement nous-mêmes.

N'oubliez pas les rituels et les traditions

Certains peuples ont des traditions très riches. Les traditions permettent aux gens de rester groupés, de reconnaître leur identité, tant individuelle que nationale. Elles apportent la dignité et la force nécessaires pour faire face au lendemain.

On ne respecte plus les traditions. On les trouve romantiques et désuètes. C'est ainsi que disparaissent les veillées, les repas de famille du dimanche, les réunions de vacances, bref, les événements très humains qui nous rassemblaient autrefois dans le temps et dans l'espace. Ce faisant, nous avons perdu notre sens de l'histoire. "Tu te souviens, quand...?" Et l'on fêtait. On ressortait les vieilles chansons, on écrivait une carte postale, on préparait le gâteau d'anniversaire. On renouvelait publiquement les voeux prononcés lors du mariage. Les familles se réunissaient au cimetière et commémoraient la mort des êtres chers, assurant que l'on n'oublierait jamais les disparus et que l'amour ainsi sauvegardé rend les êtres éternels.

Chez nous, tout était prétexte à la fête: les anniversaires, les vacances, les fêtes des saints, les moments tristes, les moments heureux, enfin tout ce qui pouvait rassembler la famille. Ma mère tenait un calendrier où chaque jour était l'occasion d'une célébration. Après tout, chaque journée n'est-elle pas l'anniversaire ou la fête de quelqu'un? À la maison, le menu était un véritable rituel. Les dimanches étaient jours de risotto, les vendredis jours de polenta. Il y avait toujours la soupière sur le feu, qui parfumait l'air d'arômes délicieux et changeants, suivant les restes que ma mère y ajoutait — pâtes, pois et carottes, poulet ou boeuf. La soupe était claire ou épaisse suivant le salaire hebdomadaire de mon père, ce que ma mère avait acheté et l'état des restes. La soupe de ma mère était un vrai régal, et je m'en souviens comme si c'était hier.

Existe-t-il plus grand rituel que celui de la *bagna calda*? Nous nous réunissions autour d'un pot rempli d'huile d'olive fumante, assaisonnée d'ail, d'herbes aromatiques et de sardines. Nous y trempions des morceaux de légumes croquants et essuyions nos assiettes avec des bouts de pain italien croustillant. Le repas se faisait dans les rires et les discussions.

On définit un *rituel* comme une forme de cérémonie établie, et une *tradition* comme la transmission de faits, de croyances et de coutumes d'une génération à l'autre. Ce sont des liens très précieux qui donnent un sens au futur. Transmis d'une génération à l'autre, ils constituent une sorte de certitude dans un monde d'incertitudes en offrant un sens simple et précieux à la vie.

Partagez vos espoirs et vos rêves

Les rêves nous donnent des ailes. Ils enrichissent notre avenir. Rêver à deux ajoute un élément de merveilleux à une relation amoureuse. On rêve des succès que l'on aura, des enfants que l'on désire, de la reconnaissance dont nous avons besoin, du voyage projeté, de la sécurité financière tant espérée. Nous rêvons de paix, de plaisir, de joie. Il faut bien sûr demeurer réalistes et ne pas désespérer si nos rêves ne se réalisent pas. Si le voyage pour Hawaï, la

Suisse ou Bangkok ne se fait pas comme nous le souhaitions, il ne faut pas en faire un drame, ni pour autant abandonner nos rêves. Quelle qu'en soit l'issue, un rêve est toujours merveilleux à échafauder.

Je me rappelle qu'un de mes rêves d'enfance était d'entendre un jour un son de cloche clair comme le cristal d'un temple du Népal. Mon imagination avait été frappée par *Lost Horizons* et par d'idylliques Shangri-las. Mes amis trouvaient ce rêve complètement idiot. Pourtant, quelque chose me disait qu'il se réaliserait. Et un jour, je réalisai ce rêve!

Nous avons tous nos espoirs. Certains pensent que jamais ils ne seront réalité et préfèrent les garder pour eux. Ils n'ont pas envie qu'on se moque d'eux ou qu'on les traite de fous. Il est toujours surprenant de découvrir que les rêves se ressemblent beaucoup. Un rêve est une sorte de lieu privé, et inviter la personne aimée à le partager est une expérience très spéciale. C'est une façon de plus de nous ouvrir à l'autre.

Vous aurez besoin de courage

Aucune relation ne subsiste dans la faiblesse. On ne peut vivre avec la timidité, l'incertitude ou la peur du risque. Pour vivre une relation, il faut être audacieux, il faut s'affirmer et s'impliquer. Les problèmes d'interaction sont inévitables et aucune relation n'est parfaite, sûre, heureuse et riche à cent pour cent. C'est la nature même de la relation qui l'empêche d'être ainsi prévisible. Comment pouvons-nous exiger que les autres puissent désirer toujours notre compagnie, être heureux des mêmes choses, aimer les mêmes gens, partager les mêmes intérêts au même moment? Il en serait ainsi si nous étions des robots. Une relation implique par définition la pluralité et la différence. Lorsque nous nous engageons à vivre avec quelqu'un, nous devons renoncer au désir de la parfaite résolution. Les frustrations, les désaccords sont inévitables. Certains seront néanmoins résolus, d'autres demeureront insurmontables. Dans son ouvrage *One to One*, le Dr Theodore Rubin écrit: "Le problème n'est pas qu'il y ait des problèmes, c'est plutôt de croire qu'avoir des problèmes en est un."

Il nous faut du courage pour faire face à la vie et pour accepter que *rien ne dure éternellement*, ni la souffrance, ni la joie, ni la vie. Nous devons accepter que le seul moyen d'accomplir quelque chose *exactement* comme nous le voulons est de le faire nous-mêmes. Si nous préférons déléguer nos pouvoirs, il est normal que les résultats ne soient pas ceux escomptés. Si nous sommes assez forts pour endosser la pleine responsabilité de nos échecs et de nos succès, nous cultiverons le respect de nous-mêmes. Lorsque nous nous associons dans le but de partager et de multiplier nos forces, nous devons avoir le courage de coexister avec l'autre.

"Ce qui importe, c'est de savoir sacrifier à tout moment ce que nous sommes pour ce que nous pouvons devenir."

Charles Dubois

Il dépend de nous de donner une chance à nos relations. Rien n'est plus merveilleux dans la vie que d'aimer et d'être aimé en retour: aimer est l'expérience suprême.

Chapitre X

Les relations sont vivantes!

Ce qui vit
Ne vit ni seul
Ni pour soi.

William **Blake**

L'être humain doit pour survivre avoir des relations saines. Il s'agit là d'un processus dynamique et complexe de rapports harmonieux entre les individus à chaque stade de leur évolution. C'est une des formes les plus élevées et les plus exigeantes de comportement humain.

Voici ce qu'en écrit David Viscott:

> Les relations ne meurent pas "subitement". Elles se détériorent lentement. Les partenaires ne comprennent pas ou évaluent mal l'investissement qu'ils doivent faire en temps, travail, amour et attentions multiples. Les intéressés peuvent aussi être trop paresseux ou trop lâches pour tenter quoi que ce soit. Une relation est une entité vivante. Elle nécessite le même soin des détails que la réalisation d'une oeuvre d'art.

Pour comprendre pleinement ce processus, il faut être à la fois scientifique et artiste. Scientifique pour isoler les composantes et les qualités de la relation (c'est ce qui a été tenté aux chapitres précédents) — pour ensuite analyser et étudier chaque élément et réfléchir sur les interactions en présence. Artiste, pour appréhender chacune de nos relations comme autant de défis créatifs qui exigent de nous l'enthousiasme et le goût du risque. Nous devons donc chercher au plus profond de nous-mêmes. Ce n'est que de cette façon que nous connaîtrons et comprendrons les autres. En même temps, il nous faut nous dépasser sans cesse, être courageux, tenaces, faire preuve de volonté. Il faut avoir le courage de passer outre les différences d'attitudes de chacun, de rester souple et de garder la foi; il faut avoir la force de faire face à notre solitude intrinsèque; il faut avoir la ténacité nécessaire pour essuyer des échecs et connaître des déceptions sans perdre l'espoir; il faut travailler fort pour s'adapter aux côtés exigeants et sans cesse mouvants de nos relations.

Les relations amoureuses ne "vont pas de soi" comme on le croit souvent. Ce serait évidemment beaucoup plus simple. Mais l'expérience prouve qu'il faut travailler et investir pour qu'une relation naisse et se maintienne. Même si depuis notre naissance nous avons l'instinct de communiquer avec autrui, nous sommes bien démunis quand il s'agit de conserver ces relations. L'instinct joue un rôle mineur dans les relations adultes. Plus nous mûrissons, plus nous devenons conscients des effets dévastateurs de la solitude. Nous aspirons aux bénéfices qu'offre la compagnie des autres. C'est alors qu'il nous faut coupler savoir et amour. Sans cela, nous accumulons les peines et les blessures, et nos expériences malheureuses nous laissent démunis et désabusés, apparemment plus prudents, mais en fait craignant surtout de faire à nouveau confiance à quelqu'un.

Bien des gens s'en remettent à l'amour, sans trop savoir en quoi cela consiste. On se plaît à croire que l'amour résoudra tous les problèmes interpersonnels, que l'amour gommera toutes les différences, toutes les craintes, qu'il abolira la colère et supprimera les conflits. Cette conception utopique de l'amour n'est bien sûr pas la solution, mais un réel problème. Après une peine de coeur, bien des gens se méfient de l'amour. Ce que l'on croyait être de l'amour s'avère n'être qu'une force tyrannique qui inflige mille souffrances. Même si l'amour était parfait entre deux êtres, cela ne suffirait pas pour que la relation soit réussie.

Notre éducation et la société dans laquelle nous vivons viennent encore compliquer la situation. On nous a inculqué que pour être fort il faut être indépendant. Ceci mène à la conclusion que, pour atteindre la maturité, il ne faut plus dépendre de personne. *Besoin* devient synonyme d'immaturité, et *dépendance* de faiblesse. En s'engageant, on craint de perdre son individualité et sa chère liberté. Ce faisant, on s'empêche de faire les vraies rencontres ou de former une union heureuse. Curieux paradoxe! Nous sommes profondément attachés d'une part à la liberté et à l'indépendance, et d'autre part nous avons un grand besoin d'union, et nous aspirons à l'amour. Il en résulte toutes sortes de problèmes qui nous laissent généralement frustrés et vides.

Il est vrai que nous sommes tous seuls. Cette certitude s'avère dévastatrice pour beaucoup de gens. Nous naissons seuls et mourons seuls, quel que soit le nombre de personnes qui nous aiment. Nous devons grandir seuls, prendre nos décisions, faire nos choix seuls, seuls. La majorité des gens ressentent cette montée de solitude tout au long de leur vie.

Dans leur livre intitulé *Pairing*, Bach et Deutsch décrivent ce phénomène de façon poignante :

> Des millions d'hommes et de femmes aspirent à l'amour sans toutefois le trouver... Jour après jour, nuit après nuit, ils se mettent en chasse, chasseurs et proies tout à la fois. Ils hantent les bars, les clubs et les hôtels, les croisières et les randonnées de fin de semaine, en quête de leurs proies... Habillés, coiffés, parfumés pour le rituel, les plus dégourdis trouvent leur partenaire, alors que les autres continuent à regarder, et à attendre en rêvant. Ensuite, chacun rentre chez lui, sinon les mains vides, du moins le coeur vide... Les autres ont des vies pleines, trop pleines de gens, ou se consacrent à une personne importante, la voient régulièrement, dorment ou vivent avec. Même ceux-là ressentent cet isolement... Ils se demandent pourquoi ils se sentent seuls. Pourquoi la vieille inquiétude persiste.

L'amour et la compagnie rendent ce sentiment plus supportable. La mère qui prend le nouveau-né dans ses bras atténue ainsi le traumatisme provoqué par la naissance. De la même façon, la main amie nous donne le courage nécessaire pour affronter la douleur. Ainsi, la présence de l'autre et notre ouverture réciproque rendent la solitude moins pénible.

Nous devons donc une fois pour toutes accepter que nous sommes pleinement responsables du succès ou de l'échec des relations amoureuses que nous avons choisies pour sortir de notre isolement. Nous ne pouvons nous fier ni à nos instincts, ni même à la profondeur de notre amour. Le seul espoir que nous ayons réside dans une étude sérieuse de nos relations. Nous devons tenter de mieux comprendre qui nous sommes, qui est notre partenaire et quelle dynamique est nécessaire au maintien de notre union.

Nos vies sont un extraordinaire enchevêtrement de relations où se lient nos motivations, nos désirs, nos croyances, nos besoins et nos rêves. Nous pouvons dans une large mesure nous connaître et nous définir en tant que personnes en examinant la structure de nos relations. Lors des premiers contacts que nous avons établi avec nos parents et notre famille, nous n'avions pas le choix: nous dépendions d'eux. Cette dépendance prolongée est le propre de l'être humain. Il est également vrai que l'homme a une plus grande expérience de vie que les autres mammifères. Ainsi, nous devons nous adapter, au cours des années, à plusieurs types de relations si nous voulons assouvir les divers besoins que nous avons sur le plan physique, social et affectif et qui nous poussent à rechercher nourriture, compagnie, sexualité, sécurité, statut et épanouissement.

En décidant de partager notre vie avec la personne aimée, nous devons prendre la décision de renoncer à certains comportements destructeurs. Parmi eux, citons:

- Le besoin d'avoir toujours le dernier mot;
- Le besoin d'être le premier en tout;
- Le besoin d'avoir constamment le contrôle de la situation;
- Le besoin d'être parfait;
- Le besoin d'être aimé de tous;
- Le besoin de posséder;
- Le besoin d'être libre de tout conflit et de toute frustration;
- Le besoin de changer les autres pour qu'ils satisfassent nos désirs;
- Le besoin de manipuler;
- Le besoin de condamner;
- Le besoin de dominer.

Il n'est pas du tout surprenant que les gens les plus équilibrés aient des problèmes de relations: à partir du moment où deux personnes se rapprochent l'une de l'autre, de leur plein gré et avec amour, elles s'engagent dans un processus terriblement complexe. Leur équilibre et leur sécurité seront inévitablement ébranlés, et elles devront développer de nouveaux comportements pour s'adapter l'une à l'autre et maintenir leur relation. C'est de notre degré d'expérience, de notre capacité d'adaptation et de nos besoins que dépendra le succès de notre relation.

Nous avons le choix de diverses stratégies lorsque les problèmes surviennent:

- Nier qu'ils existent;
- Les reconnaître, mais éviter de faire quoi que ce soit;
- Nous endurcir et vivre avec;
- Les considérer comme irréversibles et mettre fin à la relation.

Ou bien:

Les prendre comme des défis qui nous enrichiront, car nous aurons compris, avec les années, que plus nous aurons appris à résoudre les difficultés inhérentes à nos relations, plus nous serons capables de nous aimer l'un l'autre.

C'est, nous le souhaitons, cette dernière possibilité que choisiront la majorité d'entre nous.

Bibliographie commentée

Dans un certain sens, nous devenons une partie de ce que nous percevons. Les gens, les lieux, les expériences deviennent une part de nous-mêmes et nous ne réalisons plus le rôle très spécial qu'ils jouent dans notre vie.

Entre autres expériences, la lecture des ouvrages ci-dessous m'a permis de changer ma façon de voir le monde et d'agir. Les voici:

ALBEE, Edward, *The American Dream*, New York, Coward-McCann Inc., 1960.

Une pseudo-comédie qui traite des valeurs et des comportements artificiels dans notre société.

AUGSBURGER, David, *Caring Enough to Forgive: True Forgiveness/Caring Enough to Not Forgive: False Forgiveness*, Ventura, Californie, Regal Books, 1981.

Un ouvrage complet, sage et hautement recommandé sur le pardon. Traite avec force de sujets tels que: faire le mal, la nouvelle affirmation, l'évacuation des souffrances passées, le repentir et la décision commune de s'accepter dans la paix et l'amour.

AUGSBURGER, David, *The Freedom of Forgiveness*, Chicago, Illinois, Moody Press, 1973.

Cet ouvrage, ainsi que le précédent de David Augsburger constituent la meilleure somme, à ma connaissance, concernant la dynamique et les processus du pardon.

BACH, George et DEUTSCH, Ronald, *Pairing*, New York, Avon Books, 1970.

Un très bon ouvrage sur l'art subtil de la compagnie.

BEECHER, Marguerite et Willard, *The Mark of Cain*, New York, Harper and Row, 1971.

Un livre important plein de réflexions sur la jalousie — ses significations et ses effets.

BERNE, Eric, *Games People Play*, New York, Grove Press, 1964.

L'oeuvre maîtresse de l'analyse transactionnelle (ou psychologie transpersonnelle). Une réflexion révélatrice sur les jeux que jouent les gens; pourquoi et comment ils les jouent.

BERSNTEIN, Leonard, *Candide*, New York, Amberson Enterprises Inc., 1976.

Opéra comique basé sur la satire de Voltaire. Traite d'une façon créative et hilarante de la bêtise, de la capacité d'adaptation, de la survie, des relations et de l'amour des hommes. Un délice!

BLOOMFIELD, Harold et FELDER, Leonard, *Making Peace With your Parents*, New York, Random House, 1983.

Un ouvrage très accessible sur la façon de renouer les liens avec ceux que nous aimons.

BRANDEN, Nathaniel, *The Psychology of Romantic Love*, New York, J.P. Tarcher Inc., (Distribué par St. Martin's Press Inc.), 1980.

Ouvrage fameux qui traite du sujet complexe de la naissance du sentiment amoureux et qui offre des idées stimulantes pour la réussite de l'amour.

BRESLER, Dr David avec TRUBO, Richard, *Free Yourself From Pain* New York, Simon and Schuster, 1979.

Un livre intéressant écrit par un expert des questions du stress et de la douleur — qui nous aide à apprendre des moyens de nous guérir nous-mêmes.

BRISTOL, Goldie, avec MC GINNIS, Carol, *When It's Hard To Forgive*, Wheaton, Illinois, Victor Books, 1982.

L'histoire dramatique d'un couple qui a dû faire face à la terrible souffrance de la perte d'un être cher, et qui a trouvé sa rédemption dans le pardon.

BUBER, Martin, *I and Thou*, New York, Scribner, 1970.

Un livre assez ardu, qui traite des valeurs de la communication amoureuse et qui offre des messages profonds sur la façon de vivre la vie dans la spiritualité et l'amour.

CLANTON, Gordon, et SMITH, Lynn G., *Jealousy*, Englewood Cliffs, New Jersey, Prentice Hall Inc., 1977.

Une expérience rare, pour ceux qui s'intéressent à la nature et aux causes de la jalousie, aux bons et aux mauvais côtés inhérents à ce sentiment et aux moyens d'y remédier.

COLTON, Helen, *The Gift of Touch: How Physical Contact Improves Communication, Pleasure and Health*, New York, Putnam Publishing Group, 1983.

Helen Colton est devenue une des expertes dans le domaine. Elle nous révèle comment créer l'intimité par le toucher.

COUSINS, Norman, *Human Options*, New York, Berkley Books, 1981.

Morceaux choisis des écrits de l'auteur pour le *Saturday Review*. Les sujets traités sont: l'éducation, la survie, l'apprentissage, la créativité, la guérison et la liberté.

DUNN, David, *Try Giving Yourself Away*, Englewood Cliffs, New Jersey, Prentice Hall Inc., 1970.

Un guide pratique sur la façon de se partager avec les autres d'une manière élargie et enrichie — qui conduit à l'épanouissement de toutes les parties concernées.

FAULKNER, William, *Essays, Speeches and Public Lectures*, New York, Random House Inc., 1965.

Un ouvrage de référence.

FROMME, Allan, *The Ability to Love*, North Hollywood, Californie, Wilshire Book Company, 1965.

Un livre intéressant sur l'expression humaine de l'amour — sa source et sa manifestation dans la vie quotidienne.

GOULD, Roger, *Transformations*, New York, Simon and Shuster, 1978.

Un excellent ouvrage qui traite des transformations par lesquelles nous passons, de la naissance à la mort. L'enfance, le mariage et la vie adulte créative y sont étudiés. L'accent est mis sur la valeur des notions de deuil et de malaise qui accompagnent la fin de l'enfance et le début de la maturité.

HUMPHREY, Nicholas, The Bronowski Memorial Lectures, "Four Minutes to Midnight", dans *The Listener*, 29 octobre 1981. BBC Publications, Marylebone High Street, London.

Ouvrage de référence.

HYERS, Conrad, *Zen and the Comic Spirit*, Philadelphie, Pennsylvanie, Westminster Press, 1973.

L'une des rares et excellentes études sur la joie, le rire et l'esprit comique.

JAMPOLSKY, Gerald, *Love is Letting Go of Fear*, Berkeley, Californie, Celestial Arts, 1979.

Un petit livre basé sur le cours de l'"auteur-miracle", qui nous aide à comprendre que la peur nous tient éloignés de l'amour. Le lecteur trouvera des moyens de se débarrasser de la peur et de laisser entrer l'amour.

LIEBMAN, Joshya Loth, *Hope for Man*, New York, Simon and Schuster, 1966.

Un ouvrage très optimiste qui embrasse la vie et ses défis. Il traite d'amour, de courage, de bonheur et de maturité dans la sécurité intérieure.

LINDBERG, Anne Morrow, *Gift From the Sea*, New York, Pantheon Book Inc., 1955.

Un ouvrage classique sur la libération de l'esprit basée sur l'expérience qu'a l'auteur de la mer, prise comme métaphore.

LYON, Harold, *Tenderness is Strenght*, New York, Harper and Row, 1977.

Un merveilleux livre qui offre de nombreuses réflexions sur l'amour, le risque et l'épanouissement. Abordable, agréable et pratique.

MAY, Rollo, *Love and Will*, New York, W.W. Norton and Co., 1969.

Un classique pour ceux qui sont intéressés par la dynamique de l'amour.

MEAD, Margaret, *Coming of Age in Samoa*, New York, William Morrow & Company, 1971.

Pour une investigation générale des racines de la culture et du comportement humains. Dépassé pour certains anthropologues, ce livre demeure néanmoins valable.

MERTON, Thomas, *Love and Living*, New York, Bantam Publishing, 1980.

L'un des livres les plus intéressants de Merton, publié dix ans après sa mort. L'ouvrage traite de sujets intrigants, tels que: apprendre à vivre, à appréhender, à apprécier la solitude et à comprendre la mort, l'humanisme chrétien et l'amour.

MINDESS, Harvey, *Laughter and Liberation*, Los Angeles, Californie, Nash Publications, 1971.

Un superbe livre sur l'effet libérateur de l'humour et du rire.

MONTAGU, Ashley et **MATSON**, Floyd, *The Human Connection*, New York, McGraw-Hill, 1979.

Un classique dans le domaine de la communication. Examine en profondeur la façon dont se font les contacts et les interactions entre les hommes. De nombreuses réflexions sur l'amour et la façon d'aimer — qui est pour les auteurs "la forme suprême de rapports humains".

MONTAGU, Ashley, *Touching: The Human Significance of the Skin, New York, Columbia University Press, 1971.*

Un des ouvrages les plus complets sur le toucher. Ici, Montagu, anthropologue et humaniste, explique que le toucher est *le* besoin essentiel à satisfaire pour croître et survivre.

MOODY, Dr Raymond, *Laugh After Laugh*, Stanton, Virginie, Headwaters Press, 1978.

Un des rares ouvrages qui traitent du "pouvoir de guérison de l'humour". On y voit la relation entre l'humour, la santé et les maladies. Bien que médecin, le Dr Moody critique sa profession qui, selon lui ne tient pas assez compte de cette aptitude innée qui aide à guérir.

MORRIS, Desmond, *Intimate Behavior, New York, Random House, 1971.*

Un livre superbe, accessible et que je recommande fortement. Morris traite de l'intimité à travers ses multiples facettes et démontre comment elles touchent le comportement humain.

MOUSTAKAS, Clark, *Creative Life*, New York, Van Nostrand Reinhold Co., 1977.

Un livre merveilleusement écrit sur la joie d'une vie créative pleinement réalisée.

PIAGET, Jean, *The Moral Judgement of the Child*, New York, Free Press, 1966.

Ouvrage de référence.

ROGERS, Carl, *Becoming Partners: Marriage and Its Alternatives*, New York, Delacorte Press, 1973.

Livre excellent, facile à lire, écrit par un des psychologues les plus humains. Examine sérieusement et avec sensibilité le mariage moderne et ses alternatives.

ROOSEVELT, Eleanor, *Your Learn By Living*, Philadelphie, Pennsylvanie, Westminster Press, 1983.

Le regard très humain, très sage et très profond que porte sur la vie et l'amour une des femmes les plus sensibles et les plus chaleureuses.

RUBIN, Theodore Isaac,*Compassion and Self Hate*, New York, McKay Company Inc., 1975.

Un ouvrage très sérieux écrit par un psychiatre qui nous met au défi de renoncer à nos rêves de perfection, aux comportements dégradants, et au fait d'être notre pire ennemi.

RUBIN, Theodore Isaac, *Reconciliations*, New York, The Viking Press, 1980.

Le psychiatre Theodore Rubin nous parle du style de vie autodestructeur de beaucoup de gens, et suggère en remplacement un type de "vivacité tranquille". Il nous dit comment certaines relations doivent être conservées, et d'autres terminées. Il nous suggère des moyens d'atteindre la paix intérieure.

RUBIN, Theodore Isaac, *One to One*, New York, The Viking Press Inc., 1983.

Un très bon livre sur l'art subtil des relations — comment s'y prendre pour atteindre la plénitude.

SHCHOENFELD, Eugene, MD, *Jealousy, Taming the Green-Eyed Monster*, New York, Holt, Rinehart and Winston, 1979.

Un regard incisif sur la jalousie, de l'enfance à l'âge adulte — comment elle est programmée, et l'effet qu'elle produit sur l'individu. On y parle aussi des méthodes — temporaires et durables — pour y faire face.

SWANSON, Donna, *Mind Song*, Nashville, Tennessee, Upper Room, 1978.

Une série de poèmes accessibles et pleins de sens sur la vie et l'amour.

VISCOTT, David, *How to Live with Another Person*, New York, Arbor House, 1974.

Un des guides les plus pratiques pour vivre dans la paix et l'amour avec quelqu'un.

VISCOTT, David, *Risking*, New York, Simon and Schuster, 1977.

Une approche pleine de bon sens pour vivre avec le risque. Le psychiatre David Viscott aide le lecteur à prendre des risques sans avoir peur. L'ouvrage présente des façons d'appréhender l'inconnu avec un esprit aventureux dénué d'inquiétude.

WATSON, Lillian, *Light From Many Lamps*, New York, Simon and Schuster, 1977.

Une série d'essais inspirés, par l'un des êtres et l'un des philosophes les plus subtils du monde.

WEST, Uta, *If Love is the Answer, What is the Question?*, New York, McGraw-Hill, 1977.

Un livre qui offre un regard léger — mais non superficiel — et intelligent sur l'amour.

WOLK, Robert L. et HENLEY, Arthur, *The Right to Lie*, New York, Peter H. Wyden Inc., 1970.

Une vision du mensonge intéressante et qui fait réfléchir.

WYSE, Lois, *Lovetalk*, Garden City, New York, Doubleday, 1973.

Le sous-titre de cet ouvrage est: "Comment dire ce que vous pensez à quelqu'un que vous aimez." Recueil superbe de poèmes qui traitent de notre difficulté à exprimer l'amour et à expliquer nos sentiments les plus profonds. Ce livre vise à nous faire réfléchir sur la vie amoureuse.

Remerciements

Nous tenons à remercier les personnes qui nous ont permis de reproduire de courts extraits des ouvrages suivants:

David Augsburger. *Caring Enough to Not Forgive*. Ventura, Regal Books,©1981.

Marguerite et Willard Beecher. *The Mark of Cain*. New York: Harper and Row,©1971.

David Bresler. *Free Yourself From Pain*. New York: Simon & Schuster,©1979.

Goldie Bristol et Carol McGinnis. *When It's Hard to Forgive*. Wheaton: Victor Books,©1982.

Helen Colton. *The Gift of Touch: How Physical Contact Improves Communication, Pleasure and Health*. New York: Putnam Group Publishing,©1983.

William Faulkner. *Essays, Speeches and Public Lectures*. New York: Random House,©1965.

Allan Fromme. *The Ability to Love*. New York: Farrar, Straus & Giroux.

Roger L. Gould. *Transformations*. New York: Simon & Schuster,©1978.

Joshua Loth Liebman, *Hope to Man*. New York; Simon & Schuster,©1966.

Anne Morrow Lindbergh. *Gift From the Sea*. New York: Random House,©1955, ©1975 Anne Morrow Lindbergh.

Harold Lyon. *Tenderness Is Strength. New York: Harper and Row,*© 1977.

Rollo May. *Love and Will*. New York: WW Norton and Company,©1969.

Ashley Montagu & Floyd Matson. *Human Connections*. New York: McGraw-Hill,©1979.

Desmond Morris. *Intimate Behavior*. New York: Random House,©1971.

Clark Moustakas. *Creative Life*. New York: Van Nostrand Reinhold Company,©1977.

Theodore Rubin. *One to One*. New York: Viking Press,©1983.

Donna Swanson. *Mind Song*. Nashville: Upper Room,©1978.

David Viscott. *How to Live with Another Person*. New York: Arbor House Publishing Company,©1974

Robert Wolk. *The Right to Lie*. New York: The David McKay Co.,©1970.

Lois Wyse. *Lovetalk*. New York: Doubleday,©1973.

Table des matières

Ouvrages parus chez les éditeurs du groupe Sogides

* Pour l'Amérique du Nord seulement
** Pour l'Europe seulement
Sans * pour l'Europe et l'Amérique du Nord

══════════════ANIMAUX══════════════

* **Art du dressage, L'**, Chartier Gilles
Bien nourrir son chat, D'Orangeville Christianz
Cheval, Le, Leblanc Michel
Chien dans votre vie, Le, Swan Marguerite
Éducation du chien de 0 à 6 mois, L', DeBuyser Dr Colette et Dr Dehasse Joël
Encyclopédie des oiseaux, Godfrey W. Earl
Guide de l'oiseau de compagnie, Le, Dr R. Dean Axelson
Mammifère de mon pays,, Duchesnay St-Denis J. et Dumais Rolland
* **Mon chat, le soigner, le guérir**, D'Orangeville Christian
Observations sur les mammifères, Provencher Paul
Papillons du Québec, Les, Veilleux Christian et PrévostBernard
Petite ferme, T.1,
Les animaux, Trait Jean-Claude

Vous et vos petits rongeurs, Eylat Martin
Vous et vos poissons d'aquarium, Ganiel Sonia
Vous et votre berger allemand, Eylat Martin
Vous et votre boxer, Herriot Sylvain
Vous et votre caniche, Shira Sav
Vous et votre chat de gouttière, Gadi Sol
Vous et votre chow-chow, Pierre Boistel
Vous et votre collie, Ethier Léon
Vous et votre doberman, Denis Paula
Vous et votre fox-terrier, Eylat Martin
Vous et votre husky, Eylat Marti
Vous et vos oiseaux de compagnie, Huard-Viau Jacqueline
Vous et votre schnauzer, Eylat Martin
Vous et votre setter anglais, Eylat Martin
Vous et votre siamois, Eylat Odette
Vous et votre teckel, Boistel Pierre
Vous et votre yorkshire, Larochelle Sandra

══════════════ARTISANAT/ARTS MÉNAGERS══════════════

Appareils électro-ménagers, Prentice-Hall du Canada
* **Art du pliage du papier**, Harbin Robert
Artisanat québécois, T.1, Simard Cyril

Artisanat québécois, T.2, Simard Cyril
Artisanat québécois, T.3, Simard Cyril
Artisanat québécois, T.4, Simard Cyril, Bouchard Jean-Louis

ART CULINAIRE

BIOGRAPHIES POPULAIRES

Daniel Johnson, T.1, Godin Pierre
Daniel Johnson, T.2, Godin Pierre
Daniel Johnson - Coffret, Godin Pierre
Dans la fosse aux lions, Chrétien Jean
* Dans la tempête, Lachance Micheline
Duplessis, T.1 - L'ascension, Black Conrad
Duplessis, T.2 - Le pouvoir, Black Conrad
Duplessis - Coffret, Black Conrad
Dynastie des Bronfman, La, Newman Peter C.

Establishment canadien, L', Newman Peter C.
* Maître de l'orchestre, Le, Nicholson Georges
Maurice Richard, Pellerin Jean
Mulroney, Macdonald L.I.
Nouveaux Riches, Les, Newman Peter C.
Prince de l'Église, Le, Lachance Micheline
Saga des Molson, La, Woods Shirley
* Une femme au sommet - Son excellence Jeanne Sauvé, Woods Shirley E.

DIÉTÉTIQUE

Combler ses besoins en calcium, Hunter Denyse
Contrôlez votre poids, Ostiguy Dr Jean-Paul
* Cuisine sage, Lambert-Lagacé Louise
* Diète rotation, La, Katahn Dr Martin
Diététique dans la vie quotidienne, Lambert-Lagacé Louise
Livre des vitamines, Le, Mervyn Leonard
* Maigrir en santé, Hunter Denyse
* Menu de santé, Lambert-Lagacé Louise
Oubliez vos allergies, et... bon appétit, Association de l'information sur les allergies

Petite & grande cuisine végétarienne, Bédard Manon
* Plan d'attaque Weight Watchers, Le, Nidetch Jean
Plan d'attaque plus Weight Watchers, Le, Nidetch Jean
Recettes pour aider à maigrir, Ostiguy Dr Jean-Paul
* Régimes pour maigrir, Beaudoin Marie-Josée
Sage bouffe de 2 à 6 ans, La, Lambert-Lagacé Louise
Weight Watchers - cuisine rapide et savoureuse, Weight Watchers
Weight Watchers-Agenda 85 -Français, Weight Watchers
Weight Watchers-Agenda 85 -Anglais, Weight Watchers

DIVERS

* Acheter ou vendre sa maison, Brisebois Lucille
* Acheter et vendre sa maison ou son condominium, Brisebois Lucille
* Acheter une franchise, Levasseur Pierre
* Bourse, La, Brown Mark
* Chaînes stéréophoniques, Les, Poirier Gilles
* Choix de carrières, T.1, Milot Guy
* Choix de carrières, T.2, Milot Guy
* Choix de carrières, T.3, Milot Guy
* Comment rédiger son curriculum vitae, Brazeau Julie
* Comprendre le marketing, Levasseur Pierre
Conseils aux inventeurs, Robic Raymond
* Devenir exportateur, Levasseur Pierre
Dictionnaire économique et financier, Lafond Eugène
* Faire son testament soi-même, Me Poirier Gérald, Lescault Nadeau Martine (notaire)
* Faites fructifier votre argent, Zimmer Henri B.
Finances, Les, Hutzler Laurie H.
* Gérer ses ressources humaines, Levasseur Pierre
* Gestionnaire, Le, Colwell Marian
* Guide de la haute-fidélité, Le, Prin Michel
* Je cherche un emploi, Brazeau Julie
* Lancer son entreprise, Levasseur Pierre
Leadership, Le, Cribbin, James J.

Livre de l'étiquette, Le, Du Coffre Marguerite
* Loi et vos droits, La, Marchand Me Paul-Émile
Meeting, Le, Holland Gary
Mémo, Le, Reimold Cheryl
Notre mariage (étiquette et planification), Du Coffre, Marguerite
Patron, Le, Reimold Cheryl
Relations publiques, Les, Doin Richard, Lamarre Daniel
* Règles d'or de la vente, Les, Kahn George N.
* Roulez sans vous faire rouler, T.3, Edmonston Philippe
Savoir vivre aujourd'hui, Fortin Jacques Marcelle
Séjour dans les auberges du Québec, Cazelais Normand et Coulon Jacques
Stratégies de placements, Nadeau Nicole
Temps des fêtes au Québec, Le, Montpetit Raymond
Tenir maison, Gaudet-Smet Françoise
* Tout ce que vous devez savoir sur le condominium, Dubois Robert
Univers de l'astronomie, L', Tocquet Robert
Vente, La, Hopkins Tom
* Votre argent, Dubois Robert
Votre système vidéo, Boisvert Michel et Lafrance André A.
* Week-end à New York, Tavernier-Cartier Lise

ENFANCE

ÉSOTÉRISME

HISTOIRE

INFORMATIQUE

PHOTOGRAPHIE (ÉQUIPEMENT ET TECHNIQUE)

* **Apprenez la photographie avec Antoine Desilets,** Desilets Antoine
Chasse photographique, Coiteux Louis
8/Super 8/16, Lafrance André
Initiation à la Photographie, London Barbara
Initiation à la Photographie-Canon, London Barbara
Initiation à la Photographie-Minolta, London Barbara
Initiation à la Photographie-Nikon, London Barbara

Initiation à la Photographie-Olympus, London Barbara
Initiation à la Photographie-Pentax, London Barbara
* **Je développe mes photos,** Desilets Antoine
* **Je prends des photos,** Desilets Antoine
* **Photo à la portée de tous,** Desilets Antoine
Photo guide, Desilets Antoine

PSYCHOLOGIE

Âge démasqué, L', De Ravinel Hubert
* **Aider mon patron à m'aider,** Houde Eugène
* **Amour de l'exigence à la préférence,** Auger Lucien
Au-delà de l'intelligence humaine, Pouliot Élise
Auto-développement, L', Garneau Jean
Bonheur au travail, Le, Houde Eugène
Bonheur possible, Le, Blondin Robert
Chimie de l'amour, La, Liebowitz Michael
Coeur à l'ouvrage, Le, Lefebvre Gérald
Coffret psychologie moderne Colère, La, Tavris Carol
* **Comment animer un groupe,** Office Catéchèsse
* **Comment avoir des enfants heureux,** Azerrad Jacob
* **Comment déborder d'énergie,** Simard Jean-Paul
Comment vaincre la gêne, Catta Rene-Salvator
* **Communication dans le couple, La,** Granger Luc
* **Communication et épanouissement personnel,** Auger Lucien
Comprendre la névrose et aider les névrosés, Ellis Albert *
* **Contact,** Zunin Nathalie
* **Courage de vivre, Le,** Kiev Docteur A.
Courage et discipline au travail, Houde Eugène
Dynamique des groupes, Aubry J.-M. et Saint-Arnaud Y.
* **Élever des enfants sans perdre la boule,** Auger Lucien
* **Émotivité et efficacité au travail,** Houde Eugène
Enfant paraît... et le couple demeure, L', Dorman Marsha et Klein Diane
Enfants de l'autre, Les, Paris Erna
* **Être soi-même,** Corkille Briggs D.
* **Facteur chance, Le,** Gunther Max
* **Fantasmes créateurs, Les,** Singer Jérôme
Infidélité, L', Leigh Wendy
Intuition, L', Goldberg Philip
* **J'aime,** Saint-Arnaud Yves
Journal intime intensif, Progoff Ira
Miracle de l'amour, Un, Kaufman Barry Neil

* **Mise en forme psychologique,** Corrière Richard
* **Parle-moi... J'ai des choses à te dire,** Salome Jacques
Penser heureux, Auger Lucien
* **Personne humaine, La,** Saint-Arnaud Yves
* **Plaisirs du stress, Les,** Hanson Dr Peter G.
* **Première impression, La,** Kleinke Chris, L.
Prévenir et surmonter la déprime, Auger Lucien
* **Prévoir les belles années de la retraite,** D. Gordon Michael
* **Psychologie dans la vie quotidienne,** Blank Dr Léonard
* **Psychologie de l'amour romantique,** Braden Docteur N.
* **Qui es-tu grand-mère? Et toi grand-père?** Eylat Odette
* **S'affirmer et communiquer,** Beaudry Madeleine
* **S'aider soi-même,** Auger Lucien
* **S'aider soi-même d'avantage,** Auger Lucien
* **S'aimer pour la vie,** Wanderer Dr Zev
* **Savoir organiser, savoir décider,** Lefebvre Gérald
* **Savoir relaxer et combattre le stress,** Jacobson Dr Edmund
* **Se changer,** Mahoney Michael
* **Se comprendre soi-même par des tests,** Collectif
* **Se concentrer pour être heureux,** Simard Jean-Paul
Se connaître soi-même, Artaud Gérard
* **Se contrôler par le biofeedback,** Ligonde Paultre
* **Se créer par la Gestalt,** Zinker Joseph
* **S'entraider,** Limoges Jacques
* **Se guérir de la sottise,** Auger Lucien
Séparation du couple, La, Weiss Robert S.
Sexualité au bureau, La, Horn Patrice
Syndrome prémenstruel, Le, Shreeve Dr Caroline
* **Vaincre ses peurs,** Auger Lucien
Vivre à deux: plaisir ou cauchemar, Duval Jean-Marie
* **Vivre avec sa tête ou avec son coeur,** Auger Lucien
Vivre c'est vendre, Chaput Jean-Marc
* **Vivre jeune,** Waldo Myra
* **Vouloir c'est pouvoir,** Hull Raymond

JARDINAGE

Culture des fleurs, des fruits, Prentice-Hall du Canada
Encyclopédie du jardinier, Perron W.H.
Guide complet du jardinage, Wilson Charles
J'aime les violettes africaines, Davidson Robert

Petite ferme, T. 2 - Jardin potager, Trait Jean-Claude
Plantes d'intérieur, Les, Pouliot Paul
Techniques du jardinage, Les, Pouliot Paul
* **Terrariums, Les,** Kayatta Ken

JEUX/DIVERTISSEMENTS

Améliorons notre bridge, Durand Charles
* **Bridge, Le,** Beaulieu Viviane
Clés du scrabble, Les, Sigal Pierre A.
Collectionner les timbres, Taschereau Yves
* **Dictionnaire des mots croisés, noms communs,** Lasnier Paul
* **Dictionnaire des mots croisés, noms propres,** Piquette Robert

* **Dictionnaire raisonné des mots croisés,** Charron Jacqueline
Finales aux échecs, Les, Santoy Claude
Jeux de société, Stanké Louis
* **Jouons ensemble,** Provost Pierre
Livre des patiences, Le, Bezanovska M. et Kitchevats P.
* **Ouverture aux échecs,** Coudari Camille
Scrabble, Le, Gallez Daniel
Techniques du billard, Morin Pierre

LINGUISTIQUE

* **Anglais par la méthode choc, L',** Morgan Jean-Louis
* **J'apprends l'anglais,** Silicani Gino

Petit dictionnaire du joual, Turenne Auguste
Secrétaire bilingue, La, Lebel Wilfrid

LIVRES PRATIQUES

Bonnes idées de maman Lapointe, Les, Lapointe Lucette *
Chasse-taches, Le, Cassimatis Jack
* **Maîtriser son doigté sur un clavier,** Lemire Jean-Paul

Se protéger contre le vol, Kabundi Marcel et Normandeau André
Temps c'est de l'argent, Le, Davenport Rita

MUSIQUE ET CINÉMA

* **Guitare, La,** Collins Peter
Piano sans professeur, Le, Evans Roger

Wolfgang Amadeus Mozart raconté en 50 chefs-d'oeuvre, Roussel Paul

NOTRE TRADITION

Coffret notre tradition Écoles de rang au Québec, Les, Dorion Jacques
Encyclopédie du Québec, T.1, Landry Louis
Encyclopédie du Québec, T.2, Landry Louis
Histoire de la chanson québécoise, L'Herbier Benoît
Maison traditionnelle, La, Lessard Micheline

Moulins à eau de la vallée du Saint-Laurent, Adam Villeneuve
Objets familiers de nos ancêtres, Genet Nicole
* **Sculpture ancienne au Québec, La,** Porter John R. et Bélisle Jean
Vive la compagnie, Daigneault Pierre

ROMANS/ESSAIS

Adieu Québec, Bruneau André
Baie d'Hudson, La, Newman Peter C.
Bien-pensants, Les, Berton Pierre
Bousille et les justes, Gélinas Gratien
Coffret Joey
C.P., Susan Goldenberg
Commettants de Caridad, Les, Thériault Yves
Deux Innocents en Chine Rouge, Hébert Jacques
Dome, Jim Lyon
* **Frères divorcés, Les,** Godin Pierre
IBM, Sobel Robert
Insolences du Frère Untel, Les, Untel Frère
ITT, Sobel Robert
J'parle tout seul, Coderre Emile

Lamia, Thyraud de Vosjoli P.L.
Mensonge amoureux, Le, Blondin Robert
Nadia, Aubin Benoît
Oui, Lévesque René
Premiers sur la lune, Armstrong Neil
* **Sur les ailes du temps (Air**
Canada), Smith Philip
Telle est ma position, Mulroney Brian
Terrosisme québécois, Le, Morf Gustave
* **Trois semaines dans le hall du Sénat,** Hébert Jacques
Un doux équilibre, King Annabelle
* **Un second souffle,** Hébert Diane
Vrai visage de Duplessis, Le, Laporte Pierre

SANTÉ ET ESTHÉTIQUE

Allergies, Les, Delorme Dr Pierre
Art de se maquiller, L', Moizé Alain
* **Bien vivre sa ménopause,** Gendron Dr Lionel
Cellulite, La, Ostiguy Dr Jean-Paul
Cellulite, La, Léonard Dr Gérard J.
Être belle pour la vie, Meredith Bronwen
Exercices pour les aînés, Godfrey Dr Charles, Feldman
   Michael
Face lifting par l'exercice, Le, Runge Senta Maria
Grandir en 100 exercises, Berthelet Pierre
Hystérectomie, L', Alix Suzanne
Médecine esthétique, La, Lanctot Guylaine
Obésité et cellulite, enfin la solution, Léonard
   Dr Gérard J.
Perdre son ventre en 30 jours H-F, Burstein Nancy et
   Matthews Roy
Santé, un capital à préserver, Peeters E.G.

Travailler devant un écran, Feeley Dr Helen
Coffret 30 jours
30 jours pour avoir de beaux
cheveux, Davis Julie
30 jours pour avoir de beaux
ongles, Bozic Patricia
30 jours pour avoir de beaux seins, Larkin Régina
30 jours pour avoir un beau teint, Zizmor Dr Jonathan
30 jours pour cesser de fumer, Holland Gary et Weiss Herman
30 jours pour mieux organiser, Holland Gary
30 jours pour perdre son ventre (homme), Matthews Roy,
   Burnstein Nancy
30 jours pour redevenir un
couple amoureux, Nida Patricia K. et Cooney Kevin
30 jours pour un plus grand épanouissement sexuel,
   Schneider Alan et Laiken Deidre
* **Vos yeux,** Chartrand Marie et Lepage-Durand Micheline

SEXOLOGIE

Adolescente veut savoir, L', Gendron Lionel
Fais voir, Fleischhaner H.
Guide illustré du plaisir sexuel, Corey Dr Robert E.
Helg, Bender Erich F.
* **Ma sexualité de 0 à 6 ans,** Robert Jocelyne
* **Ma sexualité de 6 à 9 ans,** Robert Jocelyne
* **Ma sexualité de 9 à 12 ans,** Robert Jocelyne

Plaisir partagé, Le, Gary-Bishop Hélène
* **Première expérience sexuelle, La,** Gendron Lionel
* **Sexe au féminin, Le,** Kerr Carmen
* **Sexualité du jeune adolescent,** Gendron Lionel
* **Sexualité dynamique, La,** Lefort Dr Paul
* **Shiatsu et sensualité,** Rioux Yuki

≡SPORTS≡

100 trucs de billard, Morin Pierre

Le programme pour être en forme

Apprenez à patiner, Marcotte Gaston

Arc et la chasse, L', Guardon Greg

* Armes de chasse, Les, Petit Martinon Charles
* Badminton, Le, Corbeil Jean
* Canadiens de 1910 à nos jours, Les, Turowetz Allan et Goyens Chrystian
* Carte et boussole, Kjellstrom Bjorn
* Chasse au petit gibier, La, Paquet Yvon-Louis

Chasse et gibier du Québec, Bergeron Raymond

Chasseurs sachez chasser, Lapierre Lucie

* Comment se sortir du trou au golf, Brien Luc
* Comment vivre dans la nature, Rivière Bill
* Corrigez vos défauts au golf, Bergeron Yves

Curling, Le, Lukowich E.

Devenir gardien de but au hockey, Allair François

Encyclopédie de la chasse au Québec, Leiffet Bernard

Entraînement, poids-haltères, L', Ryan Frank

Exercices à deux, Gregor Carol

Golf au féminin, Le, Bergeron Yves

Grand livre des sports, Le, Le groupe Diagram

Guide complet du judo, Arpin Louis

* Guide complet du self-defense, Arpin Louis

Guide d'achat de l'équipement de tennis, Chevalier Richard et Gilbert Yvon

Guide de l'alpinisme, Le, Cappon Massimo

Guide de survie de l'armée américaine

Guide des jeux scouts, Association des scouts

Guide du judo au sol, Arpin Louis

Guide du self-defense, Arpin Louis

Guide du trappeur, Le, Provencher Paul

Hatha yoga, Piuze Suzanne

* J'apprends à nager, Lacoursière Réjean
* Jogging, Le, Chevalier Richard

Jouez gagnant au golf, Brien Luc

Larry Robinson, le jeu défensif, Robinson Larry

Lutte olympique, La, Sauvé Marcel

* Manuel de pilotage, Transport Canada

* Marathon pour tous, Anctil Pierre

Maxi-performance, Garfield Charles A. et Bennett Hal Zina

* Médecine sportive, Mirkin Dr Gabe

Mon coup de patin, Wild John

Musculation pour tous, Laferrière Serge

Natation de compétition, La, Lacoursière Réjean

Partons en camping, Satterfield Archie et Bauer Eddie

Partons sac au dos, Satterfield Archie et Bauer Eddie

Passes au hockey, Champleau Claude

Pêche à la mouche, La, Marleau Serge

Pêche à la mouche, Vincent Serge-J.

Pêche au Québec, La, Chamberland Michel

* Planche à voile, La, Maillefer Gérald
* Programme XBX, Aviation Royale du Canada

Provencher, le dernier coureur des bois, Provencher Paul

Racquetball, Corbeil Jean

Racquetball plus, Corbeil Jean

Raquette, La, Osgoode William

* Rivières et lacs canotables, Fédération québécoise du canot-camping
* S'améliorer au tennis, Chevalier Richard

Secrets du baseball, Les, Raymond Claude

Ski de fond, Le, Roy Benoît

* Ski de randonnée, Le, Corbeil Jean

Soccer, Le, Schwartz Georges

Stratégie au hockey, Meagher John W.

Surhommes du sport, Les, Desjardins Maurice

* Taxidermie, La, Labrie Jean

Techniques du billard, Morin Pierre

* Technique du golf, Brien Luc

Techniques du hockey en URSS, Dyotte Guy

* Techniques du tennis, Ellwanger
* Tennis, Le, Roch Denis

Tous les secrets de la chasse, Chamberland Michel

Vivre en forêt, Provencher Paul

Voie du guerrier, La, Di Villadorata

Volley-ball, Le, Fédération de volley-ball

Yoga des sphères, Le, Leclerq Bruno

8

le jour,
éditeur

Lune de trop, Une, Gagnon Alphonse
Manifeste de l'Infonie, Duguay Raoul
Mouvement coopératif québécois, Deschêne Gaston
Obscénité et liberté, Hébert Jacques
Philosophie du pouvoir, Blais Martin
Pourquoi le bill 60, Gérin-Lajoie P.

Stratégie et organisation, Desforges Jean et Vianney C.
Trois jours en prison, Hébert Jacques
Vers un monde coopératif, Davidovic Georges
Vivre sur la terre, St-Pierre Hélène
Voyage à Terre-Neuve, De Gébineau comte

ENFANCE

Aidez votre enfant à choisir, Simon Dr Sydney B.
Deux caresses par jour, Minden Harold
Être mère, Bombeck Erma
Parents efficaces, Gordon Thomas

Parents gagnants, Nicholson Luree
Psychologie de l'adolescent, Pérusse-Cholette Françoise
1500 prénoms et significations, Grisé Allard J.

ÉSOTÉRISME

* Astrologie et la sexualité, L', Justason Barbara
Astrologie et vous, L', Boucher André-Pierre
* Astrologie pratique, L', Reinicke Wolfgang
Faire se carte du ciel, Filbey John
Grand livre de la cartomancie, Le, Von Lentner G.
* Grand livre des horoscopes chinois, Le, Lau Theodora
Graphologie, La, Cobbert Anne
* Horoscope et énergie psychique, Hamaker-Zondag
Horoscope chinois, Del Sol Paula

Lu dans les cartes, Jones Marthy
* Pendule et baguette, Kirchner Georg
* Pratique du tarot, La, Thierens E.
Preuves de l'astrologie, Comiré André
Qui êtes-vous? L'astrologie répond, Tiphaine
Synastrie, La, Thornton Penny Traité d'astrologie, Hirsig
Huguette
Votre destin par les cartes, Dee Nerys

HISTOIRE

Administration en Nouvelle-France, L', Lanctot Gustave
Histoire de Rougemont, Bédard Suzanne
Lutte pour l'information, La, Godin Pierre
Mémoires politiques, Chaloult René
Rébellion de 1837, Saint-Eustache, Globensky Maximillien

Relations des Jésuites T.2
Relations des Jésuites T.3
Relations des Jésuites T.4
Relations des Jésuites T.5

JEUX/DIVERTISSEMENTS

Backgammon, Lesage Denis

LINGUISTIQUE

Des mots et des phrases, T. 1,, Dagenais Gérard
Des mots et des phrases, T. 2, Dagenais Gérard

Joual de Troie, Marcel Jean

NOTRE TRADITION

Ah mes aïeux, Hébert Jacques

Lettre à un Français qui veut émigrer au Québec, Dubuc Carl

OUVRAGES DE RÉFÉRENCE

Petit répertoire des excuses, Le, Charbonneau Christine et Caron Nelson

Règles d'or de la vente, Les, Kahn George N.

PSYCHOLOGIE

* **Adieu**, Halpern Dr Howard
  Adieu Tarzan, Frank Helen
* **Agressivité créatrice**, Bach Dr George
  Aimer, c'est choisir d'être heureux, Kaufman Barry Neil
  Aimer son prochain comme soi-même, Murphy Joseph
* **Anti-stress, L'**, Eylat Odette
* **Arrête! tu m'exaspères**, Bach Dr George
  Art d'engager la conversation et de se faire des amis, L', Grabor Don
* **Art de convaincre, L'**, Ryborz Heinz
* **Art d'être égoïste, L'**, Kirschner Joseph
* **Au centre de soi**, Gendlin Dr Eugène
* **Auto-hypnose, L'**, Le Cron M. Leslie
* **Autre femme, L'**, Sevigny Hélène
  Bains Flottants, Les, Hutchison Michael
* **Bien dans sa peau grâce à la technique Alexander**, Stransky Judith
  Ces hommes qui ne communiquent pas, Naifeh S. et White S.G.
  Ces vérités vont changer votre vie, Murphy Joseph
  Chemin infaillible du succès, Le, Stone W. Clément
  Clefs de la confiance, Les, Gibb Dr Jack
  Comment aimer vivre seul, Shanon Lynn
* **Comment devenir des parents doués**, Lewis David
* **Comment dominer et influencer les autres**, Gabriel H.W.
  Comment s'arrêter de fumer, McFarland J. Wayne
* **Comment vaincre la timidité en amour**, Weber Éric
  Contacts en or avec votre clientèle, Sapin Gold Carol
* **Contrôle de soi par la relaxation**, Marcotte Claude
* **Couple homosexuel, Le**, McWhirter David P. et Mattison Andres M.
* **Devenir autonome**, St-Armand Yves
* **Dire oui à l'amour**, Buscaglia Léo
* **Ennemis intimes**, Bach Dr George
  États d'esprit, Glasser Dr William**Être efficace**, Hanot Marc
  Être homme, Goldberg Dr Herb
  Famille moderne et son avenir, La, Richar Lyn
  Gagner le match, Gallwey Timothy
  Gestalt, La, Polster Erving

  Guide du succès, Le, Hopkins Tom
  Harmonie, une poursuite du succès, L' Vincent Raymond
* **Homme au dessert, Un**, Friedman Sonya
  Homme en devenir, L', Houston Jean
* **Homme nouveau, L', Bodymind**, Dychtwald Ken
  Influence de la couleur, L', Wood Betty
* **Jouer le tout pour le tout**, Frederick Carl
  Maigrir sans obsession, Orback Suisie
  Maîtriser la douleur, Bogin Meg
  Maîtriser son destin, Kirschner Joseph
  Manifester son affection, Bach Dr George
* **Mémoire, La**, Loftus Elizabeth
* **Mémoire à tout âge, La**, Dereskey Ladislaus
* **Mère et fille**, Horwick Kathleen
* **Miracle de votre esprit**, Murphy Joseph
* **Négocier entre vaincre et convaincre**, Warschaw Dr Tessa
  Nouvelles Relations entre hommes et femmes, Goldberg Herb
* **On n'a rien pour rien**, Vincent Raymond
* **Oracle de votre subconscient, L**, Murphy Joseph
  Parapsychologie, La, Ryzl Milan
* **Parlez pour qu'on vous écoute**, Brien Micheline
* **Partenaires**, Bach Dr George
  Pensée constructive et bon sens, Vincent Dr Raymond
  Personnalité, La, Buscaglia Léo
  Personne n'est parfait, Weisinger Dr H.
  Pourquoi ne pleures-tu pas?, Yahraes Herbert, McKnew Donald H. Jr., Cytryn Leon
  Pourquoi remettre à plus tard? Burka Jane B. et Yuen L. M.
  Pouvoir de votre cerveau, Le, Brown Barbara
  Prospérité, La, Roy Maurice
* **Psy-jeux**, Masters Robert
* **Puissance de votre subconscient, La**, Murphy Dr Joseph
  Reconquête de soi, La, Paupst Dr James C.
  Réfléchissez et devenez riche, Hill Napoléon
* **Réussir**, Hanot Marc
  Rythmes de votre corps, Les, Weston Lee

11

S'aimer ou le défi des relations humaines,
   Buscaglia Léo*
Se vider dans la vie et au travail, Pines Ayala M.
* Secrets de la communication, Bandler Richard
* Sous le masque du succès, Harvey Joan C. et Datz Cynthia *
* Succès par la pensée constructive, Le, Hill Napoléon
Technostress, Brod Craig
* Thérapies au féminin, Les, Brunel Dominique
Tout ce qu'il y a de mieux, Vincent Raymond
Triomphez de vous-même et des autres, Murphy Dr Joseph

Univers de mon subsconscient, L', Dr Ray Vincent
Vaincre la dépression par la
   volonté et l'action, Marcotte Claude
Vers le succès, Kassoria Dr Irène C.
Vieillir en beauté, Oberleder Muriel
Vivre avec les imperfections de l'autre, Janda Dr Louis H.
* Vivre c'est vendre, Chaput Jean-Marc
* Vivre heureux avec le strict nécessaire, Kirschner Josef
Votre perception extra sensorielle, Milan Dr Ryzl
Votre talon d'Achille, Bloomfield Dr. Harold

ROMANS/ESSAIS

À la mort de mes 20 ans, Gagnon P.O.
Affrontement, L', Lamoureux Henri
Bois brûlé, Roux Jean-Louis
100 000e exemplaire, Le, Dufresne Jacques
C't'a ton tour Laura Cadieux, Tremblay Michel
Cité dans l'oeuf, La, Tremblay Michel
Coeur de la baleine bleue, Le Poulin Jacques
Coffret petit jour, Martucci Abbé Jean
Colin-Maillard, Hémon Louis
Contes pour buveurs attardés, Tremblay Michel
Contes érotiques indiens, Schwart Herbert
Crise d'octobre, Pelletier Gérard
Cyrille Vaillancourt, Lamarche Jacques
Desjardins Al., Homme au service, Lamarche Jacques
De Z à A, Losique Serge
Deux Millième étage, Le, CarrierRoch
D'Iberville, Pellerin Jean
Dragon d'eau, Le, Holland R.F.
Équilibre instable, L', Deniset Louis
Éternellement vôtre, Péloquin Claude
Femme d'aujourd'hui, La, Landsberg Michele
Femme de demain, Keeton Kathy
Femmes et politique, Cohen Yolande
Filles de joie et filles du roi, Lanctot Gustave
Floralie où es-tu, Carrier Roch

Fou, Le, Châtillon Pierre
Français langue du Québec, Le, Laurin Camille
Hommes forts du Québec, Weider Ben
Il est par là le soleil, Carrier Roch
J'ai le goût de vivre, Delisle Isabelle
J'avais oublié que l'amour, Doré-Joyal Yves
Jean-Paul ou les hasards de la vie, Bellier Marcel
Johnny Bungalow, Villeneuve Paul
Jolis Deuils, Carrier Roch
Lettres d'amour, Champagne Maurice
Louis Riel patriote, Bowsfield Hartwell
Louis Riel un homme à pendre, Osier E.B.
Ma chienne de vie, Labrosse Jean-Guy
Marche du bonheur, La, Gilbert Normand
Mémoires d'un Esquimau, Metayer Maurice
Mon cheval pour un royaume, Poulin J.
Neige et le feu, La, Baillargeon Pierre
N'Tsuk, Thériault Yves
Opération Orchidée, Villon Christiane
Orphelin esclave de notre monde, Labrosse Jean
Oslovik fait la bombe, Oslovik
Parlez-moi d'humour, Hudon Normand
Scandale est nécessaire, Le, Baillargeon Pierre
Vivre en amour, Delisle Lapierre

SANTÉ

Alcool et la nutrition, L', Brunet Jean-Marc
Bruit et la santé, Le, Brunet Jean-Marc
Chaleur peut vous guérir, La, Brunet Jean-Marc
Échec au vieillissement prématuré, Blais J.
Greffe des cheveux vivants, Guy Dr
Guérir votre foie, Jean-Marc Brunet
Information santé, Brunet Jean-Marc
Magie en médecine, Sylva Raymond
Maigrir naturellement, Lauzon Jean-Luc

Mort lente par le sucre, Duruisseau Jean-Paul
40 ans, âge d'or, Taylor Eric
Recettes naturistes pour arthritiques et rhumatisants,
   Cuillerier Luc
Santé de l'arthritique et du rhumatisant, Labelle Yvan
* Tao de longue vie, Le, Soo Chee
Vaincre l'insomnie, Filion Michel,Boisvert Jean-Marie,
   Melanson Danielle
Vos aliments sont empoisonnés, Leduc Paul

Beaulieu Michel,
    Je tourne en rond mais c'est autour de toi
    La représentation
    Sylvie Stone
Bilodeau Camille,
    Une ombre derrière le coeur
Blais Marie-Claire,
    L'océan suivi de Murmures
    Une liaison parisienne
Bosco Monique,
    Charles Lévy M.S.
    Schabbat
Bouchard Claude,
    La mort après la mort
Brodeur Hélène,
    Entre l'aube et le jour
Brossard Nicole,
    Armantes
    French Kiss
    Sold Out
    Un livre
Brouillet Chrystine,
    Chère voisine
    Coup de foudre
Callaghan Barry,
    Les livres de Hogg
Cayla Henri,
    Le pan-cul
Dahan Andrée,
    Le printemps peut attendre
De Lamirande Claire,
    Le grand élixir
Dubé Danielle,
    Les olives noires
Dessureault Guy,
    La maîtresse d'école
Dropaôtt Papartchou,
    Salut Bonhomme
Doerkson Margaret, Jazzy
Dubé Marcel,
    Un simple soldat
Dussault Jean,
    Le corps vêtu de mots
    Essai sur l'hindouisme
    L'orbe du désir
    Pour une civilisation du plaisir
Engel Marian,
    L'ours
Fontaine Rachel,
    Black Magic
Forest Jean,
    L'aube de Suse
    Le mur de Berlin P.Q.
    Nourrice!... Nourrice!...
Garneau Jacques,
    Difficiles lettres d'amour

Gélinas Gratien,
    Bousille et les justes
    Fridolinades, T.1 (1945-1946)
    Fridolinades, T.2 (1943-1944)
    Fridolinades, T.3 (1941-1942)
    Ti-Coq
Gendron Marc,
    Jérémie ou le Bal des pupilles
Gevry Gérard,
    L'homme sous vos pieds
    L'été sans retour
Godbout Jacques,
    Le réformiste
Harel Jean-Pierre,
    Silences à voix haute
Hébert François,
    Holyoke
    Le rendez-vous
Hébert Louis-Philippe,
    La manufacture de machines
    Manuscrit trouvé dans une valise
Hogue Jacqueline,
    Aube
Huot Cécile,
    Entretiens avec Omer
    Létourneau
Jasmin Claude,
    Et puis tout est silence
Laberge Albert,
    La scouine
Lafrenière Joseph,
    Carolie printemps
    L'après-guerre de l'amour
Lalonde Robert,
    La belle épouvante
Lamarche Claude,
    Confessions d'un enfant d'un demi-siècle
    Je me veux
Lapierre René,
    Hubert Aquin
Larche Marcel,
    So Uk
Larose Jean,
    Le mythe de Nelligan
Latour Chrystine,
    La dernière chaîne
    Le mauvais frère
    Le triangle brisé
    Tout le portrait de sa mère
Lavigne Nicole,
    Le grand rêve de madame Wagner
Lavoie Gaëtan,
    Le mensonge de Maillard
Leblanc Louise,
    Pop Corn
    37 1/2AA

Marchessault Jovette,
   La mère des herbes
Marcotte Gilles,
   La littérature et le reste
Marteau Robert,
   Entre temps
Martel Émile,
   Les gants jetés
Martel Pierre,
   Y'a pas de métro à Gélude-
   La-Roche
Monette Madeleine,
   Le double suspect
   Petites violences
Monfils Nadine,
   Laura Colombe, contes
   La velue
Ouellette Fernand,
   La mort vive
   Tu regardais intensément Geneviève
Paquin Carole,
   Une esclave bien payée
Paré Paul,
   L'improbable autopsie
Pavel Thomas,
   Le miroir persan
Poupart Jean-Marie,
   Bourru mouillé
Robert Suzanne,
   Les trois soeurs de personneVulpera
Robertson Heat,
   Beauté tragique

Ross Rolande,
   Le long des paupières brunes
Roy Gabrielle,
   Fragiles lumières de la terre
Saint-Georges Gérard,
   1, place du Québec Paris VIe
Sansfaçon Jean-Robert,
   Loft Story
Saurel Pierre,
   IXE-13
Savoie Roger,
   Le philosophe chat
Svirsky Grigori,
   Tragédie polaire, nouvelles
Szucsany Désirée,
   La passe
Thériault Yves,
   Aaron
   Agaguk
   Le dompteur d'ours
   La fille laide
   Les vendeurs du temple
Turgeon Pierre,
   Faire sa mort comme faire l'amour
   La première personne
   Prochainement sur cet écran
   Un, deux, trois
Trudel Sylvain,
   Le souffle de l'Harmattan
Vigneault Réjean,
   Baby-boomers

COLLECTIFS DE NOUVELLES

Fuites et poursuites
Dix contes et nouvelles fantastiques
Dix nouvelles humoristiques

Dix nouvelles de science-fiction québécoise
Aimer
Crever l'écran

LIVRES DE POCHES 10/10

Aquin Hubert,
   Blocs erratiques
Brouillet Chrystine,
   Chère voisine
Dubé Marcel,
   Un simple soldat
Gélinas Gratien,
   Bousille et les justes
   Ti-Coq
Harvey Jean-Charles,
   Les demi-civilisés

Laberge Albert,
   La scouine
Thériault Yves,
   Aaron
   Agaguk
   Cul-de-sac
   La fille laide
   Le dernier havre
   Le temps du carcajou
   Tayaout

Turgeon Pierre,
Faire sa mort comme faire l'amour
La première personne

NOTRE TRADITION

DIVERS

16

Achevé Imprimerie
d'imprimer Gagné Ltée
au Canada Louiseville